学びの基礎を身につける

法学部生入門
ハンドブック

玉井裕貴［著］

ミネルヴァ書房

は じ め に

　本書は，これから法学を学び始めようとする方のために，必要となるスキル，いわば，法学の世界を渡り歩くための「武器」を提供しようとするものです。法学部など法学を専門とする大学１年生を主たる対象読者としていますが，法学に関心のある中高生や，一般の方にもお読みいただけるよう，なるべくわかりやすい解説を心がけました。

　本書は，筆者が，東北学院大学法学部において担当した「法学部生入門」という講義が基となっています。ところで，本書のタイトルにもなっている「法学部生入門」ですが，この講義名については，担当当初から違和感を感じていました。というのも，講義を受講する大学生は，すでに大学受験を突破し，法学部に入学しているというのに，「法学部生」入門とは妙ではないか？　普通「入門」という言葉は，「①門の中に入ること。②教えを受けるために，弟子になること。入学。③そのことに初めて取り掛かること。また，そのための手引き」（『大辞林〔第４版〕』）と定義されるようです。大学の門をくぐり，法学部に入学した大学生は，すでに「法学部」に入門していますし，法学の勉強を始めた学生が「法学」に入門するのであればまだしも「法学部生」に入門する，というのは，実に奇妙だと思われたからです。仮にこの科目の単位を修得できなければ，法学部生でありながら，法学部生ではないということになるのか，それとも，法学部生「破門」ということになるのでしょうか？

　当時，新たなカリキュラムで導入され，突如としてこの講義を担当することが決まってから，いったい，この科目で何を学生に提供すればよいのか悩みました。そもそも，私自身の専門は「倒産法」という応用法学分野です。「法学部生入門」はもとより，従来「法学入門」などを担当してきた，基礎法分野の専門家でもありません。さらには，様々な法分野のエッセンスを解説する，伝

i

統的な意味での「法学入門」にあたる講義も同時に提供されているという事情もありました。そのような状況であったため，極力，内容の重複がないようにしなければならないという問題にも直面しました。大いに悩んだ筆者は，同僚の教員に相談したり，実際にこの講義の前身にあたる講義を受講した学生にインタビューしたりして，この講義が扱うべき内容を一から考えていくことになりました。この作業は正直大変でしたが，特に学生との対話の中で，ともすると，教員側は当然の前提としてしまっているような基本事項を修得していないがゆえに，意欲ある学生でも，法学学習がスムーズに進められていないという実態を把握することになりました。

　様々な検討を重ねた結果，最終的に，この講義の方針としては「法学部生が上級学年になっても悩んでいる内容」「教員が学生に知っておいてほしいと思っているが，なかなか定着していない内容」を，確実に身に着けてもらえるようにすることにしました。それを実現するため，この講義では，法学を専門的に学ぶ上で前提となっている基本事項や必要となるスキルについて説明し，「法学学習方法の基礎を身につける」ことを目標にしました。ここで学んだ内容が，血となり肉となって，無意識に使えるようになっていれば，今後，さまざまな法律専門科目を学ぶ上で，大きな力になるだろうと信じて……。その意味では，学年が上がってから「法学部生破門」とならないために，学びの基礎を身につけることが，この講義の役割ということになったといえるかもしれません。

　これに加えて，新入生が初めて受講する専門科目であることから，特に，法学部生が大学生活を送る上で，知っておくと良い事柄についても，同時に提供することにしました（なお，現在のカリキュラムで「法学部生入門」は「リーガル・リサーチ」という講義名に変更され，同様のコンセプトで講義が提供されています）。

　本書は，この「法学部生入門」の講義レジュメを合本し，冊子として学生に提供したものを書籍の形にまとめ直し，内容もさらに充実させたものです。教科書としてお読みいただけるほか，法学学習で悩んだ時に，手軽に参照できる「ハンドブック」のような役割も期待されます。とくに，資料の調べ方や，レ

ポート・論文の書き方，法律答案の作成方法などは，実際にそれが必要となった際に，改めて役に立つのではないかと思われます。ありがたいことに，本書の基となったレジュメの合本冊子については「法学部生入門」の受講者だった学生から，学年が上がってからも，しばしば参照・活用しているという声を頂くとともに，元受講生の立場から，様々な意見を得る機会にも恵まれました。書籍化にあたっては，これらの意見や指摘も反映させています。多くの学生とともに作り上げたといえる本書が，法学に関心のある方，また，法学学習に困っている方の助けとなれば幸いです。

　本書が成るにあたっては，かつて講義を立ち上げる際のインタビューにお付き合いいただいた卒業生や講義の元受講生，ゼミ生の方々に，様々な形でご協力をいただきました。とりわけ，校正に際しては，弁護士の小野優介さん（弁護士法人 A.I. ステップ），佐藤ひとみさん（弁護士法人作田法律事務所），また，卒業生の茂木ひなたさん，秋庭雪乃さん，男澤藍海さんに，多大なるご尽力を賜りました。そして，元ゼミ生の佐藤若菜さんには，素敵なイラストや挿絵を多数ご提供いただきました。この場を借りて，厚く御礼申し上げます。

　最後に，書籍として出版できるとは，ゆめゆめ思っていなかった「法学部生入門」の講義レジュメの合本をシラバスから発掘し，本書の企画から出版に至るまで，お世話をしてくださったミネルヴァ書房東京編集部の水野安奈さんにも心より御礼申し上げます。

2024年12月

玉井裕貴

学びの基礎を身につける

法学部生入門ハンドブック

目　次

はじめに

序　章　法学部へようこそ！ ……………………………………………… 1

1 大学での学びをスタートしよう　1

2 あなたは何しに法学部へ？　5

3 法学部で法律を学ぶ意義　7

4 本書の構成と使い方　9

第Ⅰ部　法学学習編

第1章　法の分類 …………………………………………………………… 12

1 成文法と不文法　12

2 法令の全体像　13

3 法の分類　14

第2章　条文の読み方 ……………………………………………………… 22

1 要件と効果　22

2 条文を読む──法令・条文の構造　26

3 法令特有の文言の使い方──法制執務用語　31

第3章　法の適用における法的三段論法 ……………………………… 38

1 法を「使う」ということ　38

2 法適用の思考プロセスとしての「法的三段論法」　39

3 法の適用を実践する　41

第4章　法解釈とその適用のあり方 …………………………………… 47

1 法解釈の意義　47

2 法解釈の手法　48

　　　　　　　　　　　　　　　　　　　　　　　　　　　目　次

　　　③　法解釈の必要性　55

　　　④　法解釈の基準　55

　　　⑤　法解釈の拠り所　56

第5章　判例の読み方 ………………………………………………… 61

　　　①　各種事件と裁判　61

　　　②　裁判のしくみ　62

　　　③　判例の引用表記　71

　　　④　判決文の一般的な構成要素（民事判決の場合）　77

　　　⑤　判例（裁判例）の読み方　82

　　　⑥　判例評釈・判例解説を読む　84

　　　⑦　判例報告をやってみよう　85

第6章　法学学習の進め方と文献の調べ方 ……………………… 88

　　　①　法学の文献と向き合う──法学学習のホームグラウンド　88

　　　②　法情報を検索することの重要性　90

　　　③　法令・判例・文献の相互関係　90

　　　④　法令の調べ方　91

　　　⑤　法学文献の調べ方　95

第7章　論文／判例・裁判例の調べ方 …………………………… 102

　　　①　データベースの活用とアナログ調査の併用　102

　　　②　論文の検索　102

　　　③　判例・裁判例の検索　105

第8章　法学のレポート・論文の書き方 ………………………… 109

　　　①　レポート・論文とは？　109

　　　②　レポート・論文の一般的構成　112

　　　　　　　　　　　　　　　　　　　　　　　　　　　　　　vii

③ レポート・論文を書く手順（1）──テーマ研究型　113

④ レポート・論文を書く手順（2）──判例研究型　123

⑤ 法学における参考文献の出典表記のしかた　126

第9章　法学の試験 …………………………………………………………… 130

① 試験での成績評価が多い法学部　130

② 法学の試験形式　131

③ 試験勉強の方法　139

④ 法律は覚えるのではなく，理解するもの？　140

第10章　法律答案の書き方 ………………………………………………… 141

① 法律答案を書くということ　141

② 法律答案作成の思考プロセス──解釈を伴う回答の作成　144

③ 法律答案作成にチャレンジしてみよう　148

④ 法律答案の練習方法　151

第Ⅱ部　大学生活編

第11章　大学の講義と卒業 ………………………………………………… 154

① 大学の講義スタイル　154

② 大学の講義の受け方　155

③ オンライン講義と対面講義　158

④ 大学における教科書と参考書　158

⑤ 単位認定と成績　160

第12章　大学教員へのアクセス ………………………………………… 163

① 大学教員という職業　163

② 大学教員の属性　164

viii

目　次

　　　③　大学教員の職位　164

　　　④　大学教員へのアクセス　166

　　　⑤　メールの書き方を知っておこう　167

第13章　大学図書館の使い方 ……………………………………………………… 170

　　　①　大学図書館を活用しよう　170

　　　②　書籍の検索方法　171

　　　③　雑誌の検索方法　172

　　　④　図書館カウンターを利用しよう　172

　　　⑤　閉架書庫に行こう　173

第14章　ゼミに参加しよう ………………………………………………………… 174

　　　①　大講義とゼミのちがい　174

　　　②　ゼミという講義形式　175

　　　③　ゼミに参加する意義・重要性　175

　　　④　ゼミを楽しもう！　176

　　　⑤　ゼミの選び方　176

第15章　法学部生の進路と資格試験 ……………………………………………… 178

　　　①　法学部生の多様な進路　178

　　　②　法学部の講義と資格試験　178

　　　③　資格取得について考えよう　179

　　　④　就職について考えよう　185

参考文献　193

索　　引　195

ix

序　章

法学部へようこそ！

　本書を手に取ってくれたみなさんは，おそらく，法学部，あるいは法学類など，法律を専門に扱う学部や学類に所属する大学生（以下では，便宜的に，まとめて「法学部」と表現します），それも，入学したての新1年生が多いと思います。そんなみなさんに，まずは，ご入学おめでとうございます！　そして，法学部へようこそ！　ここでは，高校までの学びと大学での学び，そして，法学部がどのような所なのかを説明します。

1　大学での学びをスタートしよう

1.1　高校までの授業と大学における講義との違い

　これまで受けてきた高校での授業は，国の検定を通った教科書を使い，それに基づいて授業が行われるか，先生が用意したプリントに基づいて，授業が進められてきたと思います。そして，いわゆる「普通科」の高校であれば，その先には「大学受験」が控えており，それを意識した授業が展開されていたと思います。「大学受験」が控えているということを前提に，大半の高校の授業は，教科書の内容を正確に把握し，受験合格という目的を達成することに力点が置かれていたといえるでしょう。つまり，与えられた内容を，しっかり"こなす"ことに重点が置かれ，提供されるあらゆる科目について，満遍なく「良い点数」を積み重ねることが求められてきたと思います。

　他方で，大学の講義には，国の検定を受けた教科書を使わなければならない，といった制限はありません。担当教員が指定した本を教科書代わりに使ったり，教員が作ったレジュメ（プリント）やスライドに沿って講義が行われたり，場合によっては，完全に口頭でひたすら喋るだけの講義があったりと，教材もバ

ラバラ，進め方もバラバラです。また，内容についても，基本的には何かの試験や，進学のための講義は行われません。

　では，大学の講義は，一体どんなことを目的としているのでしょうか。これは，学問分野によっても少しずつ異なりますが，例えば，ひとつの事象に対して，さまざまな角度から学問的に検討したり，未知の内容について，現段階で明らかとなった知見の提供だったり，自明と思われていた内容について，課題や問題を検証したりなど，担当教員は「研究者」の立場から，みなさんが考えるための素材を提供することが中心になります。

1.2　縦割り型の学習からの脱却

　高校までは，英語・国語・数学・理科・社会と科目が独立しており，それぞれ，得意・不得意があったと思います。大学受験を想定すると，例えば「数学は苦手だから，入試科目にない大学を受験しよう」とか「世界史は得意だからもっと点を取れるようにしよう」という「戦略」を立てた方も多いのではないでしょうか。

　実際，このような戦略は，公務員試験などを考える上では必要になりますが，大学における学び一般については，差し当たり，このような「戦略」は抜きにして，視野を広げるつもりで，幅広く学ぶことをおすすめします。また，科目が異なっていても深いところで関連している，ということも少なくありませんので，いわゆる縦割りの学習スタイルからは，早急に脱却するよう心がけましょう。大学受験を想定すれば，「日本史も世界史も授業では一応聞いたけれど，日本史は受験で使わないから忘れちゃった」ということでも，ある意味問題がないわけですが，大学の講義では，ある講義で学んだ内容が，他の講義での前提知識や，応用すべき内容となることも少なくありません。

　特に，法学はこの傾向が強く，「民法」の講義を聴いていたら，「なんだか聞き馴染みのない用語が出てきた」と思ったけれど，すでに，法学の入門科目で説明されていたのを忘れていたために，説明が理解できなくなってしまった，ということが生じたり，「民事訴訟法」の講義を聴いていたら「これは憲法の

講義でも聴いたと思いますが……」と一気に話を進められてしまったり，「会社法」の講義を聴いていたら「これは倒産法の講義で聴いてください」と，思いがけない指示が飛んだり，ということは，多々生じます。したがって，大学での学習内容は，講義が終わったからといって知識をリセットしないことが大変重要です。

　筆者は学部生のとき，民法の「債権総論」と「担保物権法」という講義を受講しましたが，いまいちよくわからないまま，その科目の単位をなんとか修得しました。もっとも，その後「民事執行法」や「破産法」の講義を聴き，モヤモヤしていた部分が，少しだけスッキリした感覚を覚えました。以来，「なんとなく」興味を引かれた破産法をはじめとする「倒産法」の世界に強く関心を持ち，今では，倒産法研究者の端くれとして職を得ています。

1.3　大学の講義は面白くない!?

　大学では，専門性の高い講義が提供され，それぞれに学びがあると思われますが，しばしば，学生から「大学の講義はつまらない」と批判されることがあります。大学で教鞭をとる身としては，大変申し訳ない気持ちでいっぱいですが，少し，言い訳をさせてください。高校までの教育機関の先生が，教えることのプロ（教師）であるのに対して，大学の先生は，あくまで「研究者」で，教えることのプロではありません。だからといって講義が下手でいいかと言われると，耳の痛いところですが，ともかく，人に教えることが主たる仕事だと考えている人は，案外，多くありません。

　ただ，各分野の専門家であることは間違いなく，場合によっては，日本や世界で，その道のトップランナーだということも少なくありません。そうなると，「普段の講義はなんだかパッとしないけれど，少し話に耳を傾けよう」と思っていただけるのではないか……と期待します。高校までの，授業が上手な先生＝いい先生，という価値観をちょっと横に置いて，大学では，自ら講義を「面白がる」姿勢も必要になります。その上で「やっぱり面白くない」と思えば，それは仕方のないことですが，少しでもその講義内容や分野に興味を持ったら，

自分で考えたり，関連する本を読んだりして知識を深めると，学問がどんどん面白くなってくると思います。さらに，学習や研究を進めることになれば，最終的には，大学教員が学問上の同志になることだってあり得るところです。

1.4　大学は不親切なところ？

　また，大学入学直後は「大学って何もしてくれない不親切なところだな……」と感じることもあるでしょう。大学では，高校までのように，学校や教員側が何かしてくれるということは，ほぼありません。1年生の4月上旬は，オリエンテーションなどで，あれこれ世話を焼いてくれるものの，それ以後は，講義の登録など，履修一つとっても，自らが行動しないと，後々大変な目に遭ってしまいます。それぐらい，自分で行動しなければ何も得られないのが大学です。

　先の「講義が面白くない」という大学教員に対する批判にも関連しますが，そもそも，大学という場所は，自分で学びたいことを，自分で選択し学ぶところです。したがって，勉強や学問は自ら進んで取り組むものであり，講義はそのきっかけに過ぎないという認識が，大学教員間では，ある程度共有されている印象を持っています。したがって，ぼーっと過ごしているだけでは，ただただ無駄に時間と学費を浪費するだけですから，好きな分野や，得意な分野，追究してみたいことを見つけたら，自ら学び，探究しようとすることが重要になってきます。

1.5　卒業できればOK??

　「大学に来た目的は？」と問われて，「研究や学問がしたくて入学しました」という学生は，おそらく少数でしょう。筆者自身も，大学入学当初は，「とりあえず大学を卒業して，いい会社に入れれば良いかな」と考えていました。研究者はおろか，法律関係の職業に就くことさえも考えていませんでした。今の自分があるのは，興味・関心にしたがって，いろいろな講義を聴いたり，本を読んだりしたこと，そして，多くの研究者の先生方との出会いや交流があった

ためです。

　大学卒業それだけを目標とすると，合理的な学生であれば，単位修得が容易と思われる講義を履修登録して，ひたすら単位修得に勤しむことになるでしょう。学生間でも「あの講義は単位が取りやすい」とかいった情報は出回ります。その情報が正しいかは別として，現実問題として，卒業単位充足のためにコストパフォーマンスが良い科目があるのは事実でしょう。

　もっとも，コスパだけで講義を履修するのは，お勧めしません。せっかく大学に入学したにもかかわらず，興味もないのに，コスパのいい科目だけとって卒業するのは，大学に無駄金を払うに等しいともいえます。極端なことをいえば，その間アルバイトしていた方がお金は稼げますし，サークル活動など課外活動に勤しんだり，自分で本を読んだり勉強したりしていた方が，はるかに有益な時間を過ごせると思います。

　大学で学ぶのであれば，興味・関心のある分野を見つけて，単位修得の難易などに気を取られずに，講義に喰らいついていくほうが有意義です。卒業単位の充足はもちろん大切ですが，それ以上に，自分の興味・関心を大切にしてください。

② あなたは何しに法学部へ？

2.1 大学の講義は"役に立つ"？

　法学部に入学されたみなさんは，純粋に法律に興味があるというだけではなく「将来に役立つだろう」という期待を持って，法学部を選んだと思います。経済学や経営学など，いわゆる「社会科学系」の学部を選んだ方は，多かれ少なかれ，そのような動機を持っていると思います。

　ただ，法学部に限らず，大学の講義は，すぐに役立つ知識を提供することを目的としていません。大学でも，医学や看護学，薬学などの大学は，講義や実習で得た知識を用いて，卒業後，すぐに仕事ができるように制度設計されているわけですが，このようなタイプの学部は，どちらかといえば少数派です。一

般的にいえば，大学では，広く様々な分野を学ぶことで思考の基礎力をつける
ことが，大きな目的の一つです。その素材として，法律を使うのが法学部です。

2.2　法曹（弁護士・裁判官・検察官）になるため "役に立つ"？

　もっとも，法学部の場合，いわゆる法曹（弁護士・裁判官・検察官）に将来就
きたい，と考えている学生にとっては，有利な学部であることは間違いありま
せん。なぜなら，司法試験の受験資格を得るために進学する法科大学院の受験
や司法試験予備試験，そして司法試験で求められる法的知識と，法学部におけ
る学習内容が直結するためです。また，最近は，法学部で3年次に早期卒業し，
2年間法科大学院に通って，司法試験受験資格を得ることができる「法曹コー
ス（3＋2）」を設置している大学もあります。

　ただし，医学や看護学の大学は，入学者全員が国家資格を取ることが実質的
に必須とされているのに対して，法学部は，全員が法曹を目指すことは想定し
ていません。そのため，良くも悪くも，プレッシャーが違います。法学部の学
生だからといって，ただ単に大学の講義を聴いているだけでは，法科大学院入
試の突破や，司法試験の合格は，絶対に不可能です。

　法曹になれるかなれないかは，自学自習がすべてといっても過言ではありま
せん。むしろ，大学の講義や試験を予習や復習，答案作成のための訓練の場と
して使う心づもりで，大学の講義とは付き合うのが良いでしょう。また，大学
教員に積極的にアドバイスを求めたり，同じ志をもつ友人と切磋琢磨する機会
を早めに得たりすることも重要です。

2.3　公務員試験に "役に立つ"？

　また，公務員になりたいという学生にとっても，法学部は比較的有利といえ
るでしょう。例えば公務員試験を受験する上では，必ず勉強する必要のある憲
法や民法，行政法などは，法学部のカリキュラムに従っていけば，ほぼ例外な
く学習することになります。さらに，政治学や行政学といった隣接科目も開講
されていることから，これらの科目を勉強する機会は，他の学部に比べれば多

序　章　法学部へようこそ！

く，公務員試験を受験する上でも，身近に感じられるかもしれません。

　ただ，法学部が，学部として公務員試験のための講義を開講している場合は，そう多くはありません。一度は講義や教科書で勉強することになる，という意味で，法学部は公務員試験にアドバンテージがありますが，やはり，自学自習がすべてです。大学受験と全く同じように，問題集や過去問に取り組んだり，復習を重ねたりして，対策を自ら行う必要があります。

③　法学部で法律を学ぶ意義

3.1　法学を通じて身につけたい力

　では，法学部で法律を学ぶ意義や魅力は，どこにあるのでしょうか。深いレベルで，法律の知識を身につけることができるという点はもちろんですが，他にも，様々な魅力があると思います。法学部で学ぶと，どんな力を培うことができるか，という観点から，少し整理してみます。

　まずは，読解力です。法学は，よくも悪くも，難しい文章を読むことになります。多くの専門用語と格闘し，条文も独特の表現が多く，判例の文章も慣れるまでは，難しく感じると思います。ただ，慣れてしまえば，内容は誤解が生じないように書かれている明晰な文章が多く，論理的な文章だというのがわかってきます。その頃には，たいていの世の中にある難解な文章も，比較的ストレスなく読めるようになっていることでしょう。どんな難しい（と言われる）文章でも，読めるようになれば，視野が広がり，世界の解像度はグッと上がります。

　また，いわゆる，問題解決能力の基礎が身に付くことも期待できます。これは，複雑な問題を整理し，問題点を発見し，利害関係を調整しつつ，ルールに基づいて解決する力です。人が集まれば，必ずそこには揉めごとやトラブルが生じます。トラブルは，人それぞれの利害関係がぶつかっているために起きてしまうわけですが，これを解決するためのルールが「法」です。法学は，実際に裁判にまでもつれ込んだようなトラブルを素材に，その解決のためのルール

7

について学び，それに基づく問題解決の方法について検討することになりますが，この過程では，そもそも何が問題となっているのか把握することが重要になります。そして，問題の把握は，利害関係の把握にほかなりません。様々な法分野で，角度を変えながら，利害関係の把握とそれをどのように解決するかを検討することによって問題を発見し整理する力と，利害を調整する力，そして，その問題の解決方法を提示する力を身につけることができるでしょう。これは，4年間という時間をかけて，じっくりと，その基礎を身につけていく価値がある力です。

そして，説得力です。何かを主張する場合に，「根拠」をともなって，他者に説得的に物事を伝達する力は，どんな場面でも大切ですが，法学では，この「根拠」をとても重要視します。「根拠条文は？」とか「判例はあるの？」とか，「その見解は学説上の支持を得られているの？」といったことを，しつこいぐらいに問われることになりますが，それに正面から取り組んでいくと，いつしか，「どうすれば説得力のある主張になるか」ということを意識することができるようになります。特に，レポート・論文，法律答案の作成など，文章を自ら書く訓練を積む過程で，説得力ある説明・文章を作る力も，次第についてくると期待されます。

3.2 法学部を楽しもう！

ここまでは，法学部での学びが，どのように役に立つか，という点を説明してきました。もちろん，学費を支払い，大学で教育を受ける以上，「役に立つ」という視点は重要です。しかし，資格試験等に役に立つという視点だけで大学4年間を過ごすのはもったいない！　ぜひ，法学部を楽しんでください。憲法や民法など，資格試験でも問われる「基幹科目」だけではなく，法学部では，様々な科目が提供されています。法学部でしかおよそ学ぶことのできない法律科目も多々あります。ぜひ，興味・関心の赴くままに，裾野の広い法学の世界での学びを楽しんでほしいと思います。意欲さえあれば，大学には専門書の宝庫である大学図書館もありますし，専門家である研究者も所属しています。そ

序　章　法学部へようこそ！

して，少なくともある程度は，法学に興味を持って同じ立場にあり議論したり話のできる友人や先輩・後輩たちに出会う機会もあるでしょう。そのような環境で，法学部，そして法学を楽しまないのは，本当にもったいないことです。大学生活それ自体だけでなく，ぜひ学問としての法学を楽しんでいただければと思います。

④　本書の構成と使い方

　本書は，法学学習の基礎を身につけ，また，法学部生として知っておくと便利な情報をまとめています。

　まず，第Ⅰ部「法学学習編」では，「第1章　法の分類」「第2章　条文の読み方」「第3章　法の適用における法的三段論法」「第4章　法解釈とその適用のあり方」「第5章　判例の読み方」「第6章　法学学習の進め方と文献の調べ方」「第7章　論文／判例・裁判例の調べ方」「第8章　法学のレポート・論文の書き方」「第9章　法学の試験」「第10章　法律答案の書き方」と，法学学習をスタートさせる上で，必須となる内容を説明しています。基本的には，前から順番に読んでいただければ，法学学習を進めるための，いわば「武器」を身につけることができるようになっています。

　また，法情報の検索に関する「第6章　法学学習の進め方と文献の調べ方」「第7章　論文／判例・裁判例の調べ方」「第8章　法学のレポート・論文の書き方」「第9章　法学の試験」「第10章　法律答案の書き方」については，法学学習がある程度進んでからも，繰り返し参照していただくと良いでしょう。

　また，第Ⅱ部「大学生活編」は，法学部を意識しつつ，大学生活におけるお役立ち情報をまとめています。とくに，大学新1年生にとって，大学生活を有益にするために，ご活用いただければ幸いです。

9

第Ⅰ部　法学学習編

第 1 章
法の分類

本章では，法の分類について見ていきます。これから学んでいく「法」とはそもそもどのようなものなのか，「法」の相互関係や，「法律」の役割に応じた分類の視点を理解し，大まかに把握することを目的としています。

1　成文法と不文法

何らかのトラブルが生じたときに，それを解決するために，裁判所・裁判官の判断を仰ぐ——。その場合の解決基準となるルールの集まりが「法」です。しかし，どんなルールであっても「法」としての意味を持つかといわれると，そういうわけではありません。

裁判官が裁判を行うに際して，解決基準となるもののことを**法源**といいますが，わが国では，その法源となりうるものを，図1.1のように分類しています。

図1.1　法源とその種類

まず，**成文法**とは，条文など文章の形で書き表された法のことをいいます。これには，憲法や条約，各種の法律や規則，命令，条例が含まれます。立法など，一定の手続によって制定されているという点から，**制定法**という言葉で表されることもあります。

そして，**不文法**とは，条文など文章の形で書き表されていない法のことをい

います。成文法以外の法は，すべて不文法ということになりますが，重要なものとしては，判例[1]や，慣習法[2]が，これに含まれます。

いずれも重要な「法源」ですが，わが国は，**成文法（制定法）主義**の法体系を採用しているといわれています。この体系のもとでは，成文法を最も重要な法源と位置付け，成文法がカバーしていないところについては，不文法が補完するということになります。わが国の法体系は，ドイツやフランスなどの法律を参考に構築された歴史的経緯から**大陸法系**に属するといわれますが，大陸法系の諸国では，この成文法主義が採用されています[3]。

② 法令の全体像

わが国の法体系は，憲法，条約・法律・規則・条例という異なる形式の法令が存在しています。また，これらの法令の関係は，憲法を頂点として，図1.2のような優先劣後関係があります。

このピラミッド構造により，例えば，上位の法規範である「憲法」と，下位の法規範である「法律」でそれぞれ規定されている内容に矛盾が生じた場合などは，上位の法規範である「憲法」の効力が優先し，その法律の規定は，憲法違反（違憲）として，無効となります。同じように，「法律」と，地方自治体の定める「条例」とで内容が矛盾した場合は，「法律」の効果が優先されることになります。このような関係を，**上位法は下位法に優先する**といいます[4]。

---

1) 判例は，最高裁判所に持ち込まれた個々の事件に対する判決で，先例的な価値のあるもののことをいいます。判決自体は，判決文という文章で表現されていますが，判決文そのものが「法源」となるのではなく，それに含まれている法的な原則が「法源」となります。つまり，その法的な原則，いわば判例の背後にあるルールそのものは，明確に文章に書き表されていない，ということから，不文法に分類されます。
2) 慣習法は，一定の生活関係や商取引関係の中で慣習が生まれ，その慣習に基づいて成立する法のことをいいます（民法92条参照）。
3) これに対して，イギリスやアメリカなどの「英米法系」の諸国は，判例を第一義的な法源として位置付ける「判例法主義」の体系を採用しています。
4) なお，異なる国同士で締結される「条約」については，この位置付けについて議論があります。一つは，国際強調主義（憲法前文・憲法98条2項）を根拠として，憲法よりも

第Ⅰ部　法学学習編

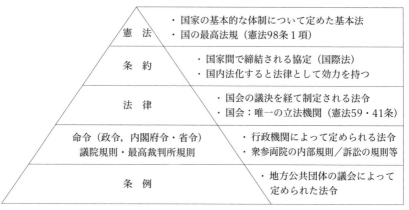

図1.2　法令の体系（上下関係）

③　法の分類

3.1　公法と私法，社会法

　法を分類する視点として，公法と私法の区別があります。このうち**公法**は，国や公共団体の相互の関係を規律するルールと，国や公共団体と私人との関係を規律するルールのことをいいます（図1.3）。具体的には，憲法や刑法，裁判のルールを定める民事訴訟法や刑事訴訟法，行政法に属する法が，これにあたります。他方，**私法**は，私人（一般人）相互の関係を規律するルールのことをいいます。具体的には，民法や商法などがこれにあたります。

　もっとも，公法と私法という分類の仕方は，大雑把なもので，国と私人とが取引をすれば，国と私人との間でも私法が適用される余地がありますし，私人間の取引関係に公法が全く関係しないわけでもありません。ただ，今，勉強している法律が，大きく分けて「公法」なのか「私法」なのかを把握しておくこ

条約の方が上位法であるとする見解，もう一つは，憲法の最高法規性（憲法98条1項）を根拠として，憲法の方が上位法であるとする見解です。この議論については，憲法や国際法を学習する中で，考えてみてください。

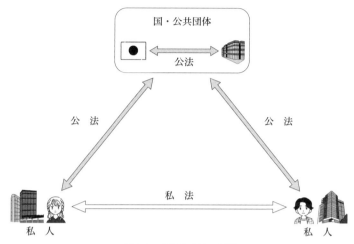

図 1.3 公法と私法の区別

とは、その法律の内容を理解する上で重要です。

また「労働法」や「社会保障法」といった法を、特に、**社会法**として分類することもあります。労働法を例に取ってみると、会社と労働者は、いずれも私人で、これらの関係は私法関係です。ところが、会社と労働者では交渉力などに差があり、放っておくと、弱い立場にある労働者に不利益が生じる危険性があります。そのため、原則としては私法関係であるにもかかわらず、公法的な視点から、その修正や補充を行い、労働者の保護を図っています。いわば、公法と私法が混合したような法の姿をしており、このような法領域を「社会法」と分類することがあります。

3.2 実体法と手続法

法を分類する次の視点は、実体法と手続法の区別です。このうち、**実体法**とは、ある権利が存在する・ある義務が存在するかどうかということを決めるルールのことをいい、**手続法**とは、実体法上の権利の存否の確定や、権利の具体的実現のための手続に関するルールのことをいいます。やや抽象的ですので、次のような例を使って考えてみましょう。

第Ⅰ部　法学学習編

〔ケース〕ＡはＢから，中古車を100万円で購入し，代金も支払った。中古車の引き渡しは，それから１ヶ月後の約束だったが，２ヶ月たってもＢは中古車を引き渡さない。Ａはどうすればよいか。

　このケースで，ＡとＢは，中古車について売買契約を結んでいます。売買契約は，物を買う・代金を支払うという約束をお互いが合意することで成立します。売買契約が結ばれると，このケースにおいて，買主Ａは「中古車を引き渡せ」という権利，売主Ｂは「代金を支払え」という権利を持つことになります。このことを，実体法である民法は，次のように定めています。

民法555条　売買は，当事者の一方がある財産権を相手方に移転することを約し，相手方がこれに対してその代金を支払うことを約することによって，その効力を生ずる。

　このように，権利や義務が発生する，いわば「権利・義務のカタログ」の役割を果たすのが実体法です。
　さて，代金を支払ったのに中古車を引き渡してもらえないＡは，どうすれば良いでしょうか。Ｂと話し合って，最終的にＢが中古車を引き渡してくれれば問題はありませんが，それが実現されないとなると，Ａは裁判を起こして，権利の実現を図るほかなくなります。そのような段階で力を発揮するのが，手続法です。
　まずは，Ａが「中古車の引き渡し」を求めて，手続法である民事訴訟法に基づいて**民事訴訟**を行い国家権力である裁判所に，「ＢはＡに中古車を引き渡せ」という判決を出してもらうよう求めることになります。そして，その民事訴訟で「ＢはＡに中古車を引き渡せ」という判決が出て，これが確定したとします。この判決に応じてＢが中古車を引き渡してくれれば良いですが，それにも応じないとなると，いよいよ最終局面として，Ａは，別の手続法である民事執行法

に基づいて**強制執行**の申立てを行い，裁判所の力を借りて「強制的に」中古車の引き渡しを得ることができるシステムが構築されています。この一連の権利実現のためのプロセスを定めたルールが，手続法です。実体法が定める権利・義務のカタログが「絵に描いた餅」にならないためには，手続法もまた，重要であるといえます。

　以上の例は，実体法としての民法，それに対応する手続法として民事訴訟法（判決の作成手続），そして，民事執行法（強制執行の手続），という関係ですが，犯罪や刑罰に関わる刑事事件の場合は，実体法としての刑法，それに対応する手続法として刑事訴訟法があります。

　なお，一つの法律の中に，実体法的なルールと，手続法的なルールが混在する場合もあります。そのような例としては，会社法，破産法などがあり，勉強の際にはその条文のルールが誰に対してのルールなのか，すなわち当事者に向けられたものか，それとも手続を運営する裁判所や手続機関に向けられたものなのかといった点を意識するなど，やや注意が必要です。

3.3　刑事法と民事法

　法を分類する次の視点として「刑事法」と「民事法」の区別があります。まず，**刑事法**は，犯罪と刑罰に関する法規範の総称で，刑事法の実体法としては刑法，刑事法の手続法として，刑事訴訟法がこれに含まれます。他方，**民事法**は，私人間の権利義務関係およびそれに関する紛争解決を規律する法の総称です（図1.4）。具体的には，民事法の実体法として，民法や商法，民事法の手続法として，民事訴訟法や民事執行法がこれに含まれます。この分類についても例を使って考えてみましょう。

〔ケース〕Cは自転車で走行中，信号を無視して高速で交差点に進入し，青信号で横断歩道を横断中のDと衝突した。Dは，足の骨を折る大怪我を負い，全治3ヶ月と診断された。Dは入院・治療費として50万円もの余計な出費をすることとなった。

第Ⅰ部　法学学習編

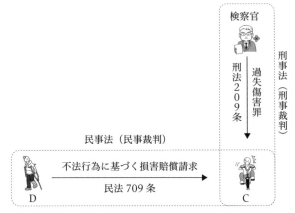

図1.4　民事法と刑事法の役割

（1）刑事法の観点

　このような事故が生じた場合に，まず，刑事法の観点からは，事故を引き起こしてしまったCについて，犯罪が成立するか否かが問われることになります。このケースの場合，Cは刑法209条の過失傷害罪に問われる可能性があります。

> 刑法209条　過失により人を傷害した者は，30万円以下の罰金又は科料に処する。

　この犯罪の成否と刑罰の内容を最終的に決定するのは，刑事裁判の場となります。この場合，国の機関として働く**検察官**が，犯罪を犯した疑いのあるCを公訴し，**被告人**となったCについて，裁判所が犯罪の成否・刑罰の内容を決めることになりますが，この裁判のルールや，その手前の犯罪の捜査に関わるルールを刑事訴訟法が定めています。

　仮に，このケースで，Cに過失傷害罪が成立し，30万円の罰金刑が科せられることになったとすると，Cは，その罰金を国（国庫）に納付しなければなりません。なお，罰金は，犯罪を犯してしまった人に「二度とこのような罪を犯してはいけないぞ」[5]と戒めるためのお金で，この罰金が，事故の被害者である

---

5) なんのために刑罰があるのか，という刑の本質をめぐっては，本文で表現したように，

第1章　法の分類

Dに支払われることはない，という点は誤解しないよう注意しましょう。

（2）民事法の観点

　次に，民事法の観点から，この事件を考えてみましょう。先に説明した通り，
Cに30万円の罰金刑が科されて，それが国庫に納付されたとしても，そのお金
を被害者であるDが受け取ることはできません。しかし，Dは，事故さえなけ
れば払う必要のなかった入院・治療費で50万円という余計な出費を強いられる
ことになってしまいました。この費用は，原因を作り出したCに支払ってもら
いたいと考えるのが普通でしょう。このような場合，DはCに対して，入院・
治療費の支払いを請求することができますが[6)]，仮に，Cがその求めに応じて
くれなければ，最終的には，民事裁判を提起して決着をつけ，入院・治療費を
回収することになります。

　この場合に使われる民事法の実体法は民法で，このケースでは，民法709条
の不法行為が成立する可能性があります。

　民法709条　故意又は過失によって他人の権利又は法律上保護される利益を侵害
した者は，これによって生じた損害を賠償する責任を負う。

　DのCに対する不法行為が成立するかどうかは，やはり最終的には裁判の場
で決着をつけることになりますが，その民事裁判のルールを定めるのが，**民事
訴訟法**です。また，民事訴訟法は，今回のケースでは，Cによる不法行為が成
立し，DがCに対して損害賠償請求権を持つか否かが「判決」という形で判断
されるにとどまります。判決が出てもなお，Cが損害賠償金を支払ってくれな
いということであれば，その判決を債務名義（民事執行法22条）として，強制執
行を行い，裁判所の力を借りて，Cの財産から損害賠償の分のお金を強制的に

犯罪に対する応報であるとする見解のほか，一般人に対する威嚇手段であるとする見解，
犯人の教育改善のための手段であるとする見解があります。
6)　なお，実務上はこれに加えて，通院費用や，生命・身体などの侵害によって生じた精神
的苦痛に対する損害賠償である慰謝料もあわせて請求する場合が多く見られます。

19

回収することができるようになっています。このような強制的な権利実現の
ルールは，**民事執行法**が定めています。

3.4 一般法と特別法──特別法は一般法に優先する

また，一般法と特別法という分類の方法もあります。このうち，**一般法**とは，広く一般的に適用される法のことをいい，**特別法**とは，一般法が規律する関係のうち，特定の関係について特別な規律を行う法のことをいいます。

例えば，お金を払ってある物を借りる契約のことを「賃貸借契約」といいますが，これについての一般的なルールは，民法の601条以下に定めが置かれています。このルールは，土地を借りる場合，レンタカーを借りる場合，駐車場を借りる場合など，さまざまな場面に適用されます。しかし，土地や建物を借りる場合のうち「建物の所有を目的とする土地の賃貸借」や「建物の賃貸借」については，**借地借家法**という法律が別途定められています。この法律は，土地を借りて家を建てている人や，マンションを借りている人を特に保護するための法律で，一般法の民法とは異なる特別なルール（＝特則）を定めています。民法との関係で，借地借家法は，特別法となります（図1.5）。

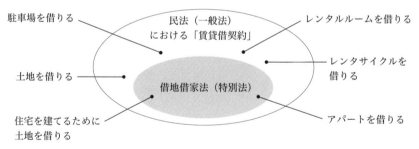

図1.5　一般法と特別法の関係

そして，一般法と特別法の関係では，**特別法は一般法に優先する**というルールがあります。したがって，一般法と特別法の定めが異なっている場合，まずは，特別法のルールが適用され，特別法に規定がない場合は，一般法が適用されます。端的にいえば，一般法は「原則」で，特別法は「例外」の関係にあり，

特別法上の規定がなければ，一般法が適用される，ということになります。

　一般法と特別法の関係は，他にも，一般法の「民法」と特別法の「商法」（商人の営業・商行為その他商事について定めた法律）や，一般法の「刑法」や「刑事訴訟法」と特別法の「少年法」（少年に対する刑罰およびその手続に関する法律），一般法の「民事訴訟法」（民事裁判の手続を定める法律）と特別法の「破産法」（破産手続という裁判所で行われる手続を定める法律）など，さまざまなものがあります。

3.5　法の分類としての「六法」

　法の分類において，六法とは，現行の成文法のうち，代表的な6種の法，具体的には，**憲法，民法，商法（会社法），民事訴訟法，刑法，刑事訴訟法**のことを指します。これは，フランス皇帝ナポレオンが，憲法と並ぶ国の基本となる法として，民法・刑法・商法・民事訴訟法・刑事訴訟法の「五法典」を制定したことに由来します。明治時代に，この六法の体系が日本にも紹介され，以来，これらの六法は，重要かつ代表的な法として，法学学習や資格試験においても，中心的な取り扱いがなされています。法学部では，この六法を中心としながら，様々な法について学んでいきます。

　なお，法学を学ぶ上で，「六法は必ず手元に置いておいてください」といわれますが，この場合の「六法」は『ポケット六法』や『デイリー六法』などの，学習用六法（法令集）を意味します。

第2章

条文の読み方

　法学を学ぶ上で，最も大切なことの一つは，条文を読むことです。ただ，六法を開いて，そこに書いてある言葉を何も考えずにただ目で追っているだけでは，何がなんだかよくわからない，というのが正直なところかと思います。条文を読む場合は，ここで説明するような内容を意識することが必要です。

1　要件と効果

1.1　「要件」→「効果」の枠組み

　「学校の廊下を走ったら，先生に怒られる」「次の定期テストで全科目80点以上取ったら，新しいスマホを買ってあげる」など，これまで生活してきた中で，なんらかのルールや掟，あるいは約束ごとに触れてきたことと思いますが，法律も同じく「○○したら，××される」とか，「○○したら，××できる・してもらえる」といった形でルールを定めています。そして，このルールが，**条文**という形で書き記され，数多くの条文がまとまって一つの法律を形作っています。一見すると，難しく感じられる条文の表現ですが，基本的に各条文は「○○したら，××される／できる」という枠組みになっていることを意識しながら読むことで，その条文の意味を理解できるようになります。法学では，この「○○したら」の「○○」の部分を**要件**[1]そして「××される・できる」の部分を**効果**といいます。この「要件」→「効果」の枠組みに，条文を分解して読んでいくことが，条文を読む上では大切です。

---

1) より手堅く定義すると，要件とは，ある法律上の効果を発生させるための前提条件となります。なお，刑事法上は，犯罪定型として法律に規定された違法・有責な行為の定型として「構成要件」という言葉が使われますが，基本的な考え方は同様です。

1.2 売買契約を例として

民法555条を例にとってみてみましょう。

> 民法555条　売買は，当事者の一方がある財産権を相手方に移転することを約し，相手方がこれに対してその代金を支払うことを約することによって，その効力を生ずる。

コンビニなどのお店で物を買ったり，他人から物を中古で買ったり，日常的に行っている売買ですが，民法は，このような形で売買契約が成立するためのルールを定めています。これを「要件」と「効果」に分析すると，図2.1のような関係になります。

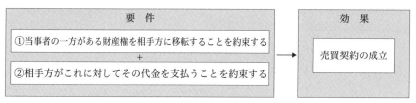

図 2.1　民法555条の要件と効果

このルールを前提として，次のケースを考えてみましょう。

> 〔ケース〕Aは，漫画『KAMABOKO』の単行本，全72巻セットを所有していたが，もう読まなくなったので，前から同作品を読みたがっていたBにセットで譲ることを考えた。

このような状況で，AはBに次のような交渉を持ち掛けたとします。

> 〔ケースα〕Aは「72巻セットを3,000円で売ってあげるよ」と言ったところ，Bは「そんなに安くしてくれるなら喜んで買うよ！　ありがとう！来週お金用意してくるね！」と言って嬉しそうに帰っていった。

第Ⅰ部　法学学習編

　この場合，先ほどの民法555条の要件に照らして考えると，Ａは，漫画の単行本72冊の財産権（この場合は所有権）を，3,000円でＢに移転することを約束し（要件①に当てはまる事実），そして，Ｂはその代金3,000円を支払うことを約束（要件②に当てはまる事実）しています。要件①・要件②共に満たす事実がある（＝具備している）ため，**売買契約が成立する**という効果が得られることになります。

　ＡとＢの間で売買契約が成立すると，Ａは漫画の単行本をＢに引き渡す義務，そして，Ｂは代金3,000円を支払う義務が発生することになります。逆にいうと，Ａには「代金を支払え」という権利，Ｂには「漫画本を引き渡せ」という権利が発生することになります（図2.2）。

図2.2　売買契約の成立と権利義務の関係

　それぞれＡとＢが義務を果たせば何も問題はありませんが，どちらかが義務を怠る場合は，それによって権利を侵害された当事者が，裁判所に訴えを提起して，強制的な権利実現を果たすことができるなど，さまざまな法律上の効果を得ることができます。

　では，次のようなケースはどうでしょうか。

〔ケースβ〕Ａは「72巻セットを1万5,000円で売ってあげるよ」と言ったところ，Ｂは「嬉しいんだけど，いま金欠で，そんなにお金出せないから今回は遠慮しとくよ」と言って，残念そうに帰っていった。

　この場合，Ａは，漫画の単行本72冊の財産権を，1万5,000円でＢに移転す

24

第 2 章　条文の読み方

ることを約束していますが（要件①に当たる事実），Ｂはその提案を拒否しています。したがって，要件②は具備していないことになります。そうなると，売買契約は不成立ということになり，この漫画本取引について，Ａ・Ｂ間には，なんの権利・義務関係も生じないということになります。

　それでは，このような場合はどうでしょうか。

　〔ケースγ〕Ａは「72巻セット，もういらないからタダであげるよ」と言ったところ，Ｂは「やった！ありがとう！明日取りに行くね!!」と飛び上がらんばかりに喜んで帰っていった。

　この場合，Ａは，無料で漫画の単行本72巻の財産権（所有権）をＢに移転することを約束し（要件①に当たる事実？），Ｂは０円という代金を支払うことを約束した（要件②に当たる事実？）として，売買契約が成立した，と考えることもできそうですが，無料の代金を支払うというのは何だか変だと感じると思います。

　このような場合，民法は別のルールを用意しており，「タダで物をあげる」という契約については，別途，**贈与契約**として，次のようなルールを定めています。

　民法549条　贈与は，当事者の一方がある財産を無償で相手方に与える意思を表示し，相手方が受諾をすることによって，その効力を生ずる。

　この民法549条を，「要件」と「効果」の枠組みで分析し直した上で，３番目のケース（ケースγ）を今一度考えてみると，このケースでは，贈与契約が成立するということが理解できるでしょう[2]。

---

2) なお，「売買契約」と「贈与契約」が，具体的にどのように異なるのか，また，それぞれ契約が成立したとして，具体的にどのような権利や義務が当事者に生じるのか，といった問題は，民法の「債権各論」や「契約法」という科目で学習します。

25

第 I 部　法学学習編

　以上のように，ある条文を読むときには，まず「要件」と「効果」に分析することを意識して読むことが重要です。その上で，何らかの具体的な事実について法的に考える際には，その「要件」に当てはまる事実があるか，あるとすればどのような効果が生じるのか，「要件」に当てはまる事実がないとすれば，別の条文でこれに関する定めはないか……と検討していくことも必要になります。もっとも，これは，各法分野を学んでいくにつれて，徐々に身につけていくことですので，法学学習を始めたばかりの段階では，できないからといって焦る必要はありません。

② 条文を読む
──法令・条文の構造──

　条文の基本的な読み方を理解した上で，次は，法令や条文の構造についてみていきましょう。ここでは，ぜひ手元の**六法**をみながら，説明をお読みください。

2.1　法令の構造

　法律や政令，条例などをまとめて法令といいますが，基本的には，目次・本則・附則，場合によって別表という順番でまとめられて，一つの法令が形作られています。それぞれ，次のような役割を持っています。

- ・目次：法令の目次。法令の全体像を把握・必要な条文を探す時にまず見る。
- ・本則：法令の本体。「条文」が収録されている部分。
- ・附則：付随的な規定（法令の効力の発生日，経過措置，関係法令の改正等）。
- ・別表：条文中に記載するより，表でまとめたほうがわかりやすい場合に，表として記載。

　法律を学ぶ際，基本的には，本則部分に収録されている条文を読むことになります。なお，条文数が多い法令の場合は，内容をカテゴリごとに分類するために，章立てがつけられることもあり，その場合，編＞章＞節＞款＞目という

26

見出しで分類されます。ためしに民法の目次を見ていただくと，民法は1,000条を超える条文が収録されており，「目」まで細分化されていることがわかると思います。例えば，民法424条を目次から探してみましょう。「第三編　債権＞第一章　総則＞第二節　債権の効力＞第三款　詐害行為取消権＞第一目　詐害行為取消権の要件」と，かなり深いところに条文が位置しているのがわかります。慣れてくると，この条文の位置関係から，大体どのようなルールなのかが把握することもできるようになっていきます。

　また，別表は，あまり見かけることはありませんが，**家事事件手続法**という，離婚や相続など家族関係に関わる民事上のトラブルを解決するための手続法（民事訴訟法の特別法）に収録されており，重要な役割を果たしています。家事事件手続法を六法で探してみると，後ろの方に，別表第1と別表第2というものがあるのが確認できると思います。別表第1に掲載されているものと，第2に掲載されているもので，手続の内容が変わってくるため，家事事件手続法を学んだり参照したりする場合には，この別表も法律の一部として確認する必要があります。

2.2　条文の構造

　本則に収録される「条文」はどのような構造をしているのか確認していきます。これは，今後，教科書や法律関係の文書を読むときはもちろん，法律答案や法律関係の文章を書いていく上で，極めて重要です。なぜなら，法律の文章を記述したり，ゼミなどで研究内容を発表する場合に，なぜそのような主張ができるのか，どうしてそのような判断ができるのかを説明する際には，その根拠となる条文を，必ず指摘するように求められることになるためです。そのときに「○法の○条」と指摘するだけでは，不十分だったり不正確だったりする場合が多くあります。ひとくちに「○法の○条」といっても，その「条」の中には，複数のルールが，それも全く内容の異なるルールが束になって入っていることも少なくないので，自分が指し示したいルールを，正確に指摘できるようにしておく必要があります。

第Ⅰ部　法学学習編

(1) 条・項・号

　法令は，それを理解しやすくすることに加え，検索しやすいように，**条**に分けて規定されています。この条を基本単位として，内容をさらに区切る必要がある場合には，**項**に分けて規定されます。そして，条や項のなかに，さらに多くの内容を記載する必要がある場合には，**号**を用いて列記して規定します。号よりも，さらに細かく記載する場合は，イ・ロ・ハ……，これ以上に細分化して記載する場合は，(1)(2)(3)……で規定されます。

　また，各号列記部分の前にある文章のことを**柱書**[3]といいます。例えば「破産法」という法律の162条という条文を見てみましょう（図2.3）。

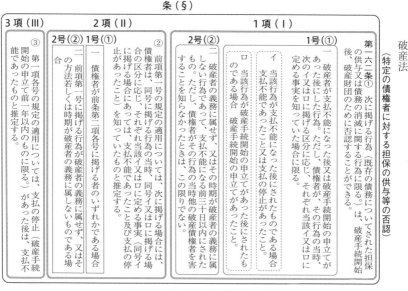

図2.3　条文の構造（破産法162条を例に）

　この破産法162条という条文には，1項から3項が存在します。さらに1項は1号と2号に分かれており，加えて1号の中に，イ・ロと別々の内容が定め

---

3) なお，厳密な意味での「柱書」は，各号列記部分のうち「次に掲げる場合には」「次のいずれかの事由に」といった文章を含むもののみのことを指しますが，学習上は，あまり気にする必要はありません。

られています。順にみていくと，破産法162条には，162条1項1号イ，162条1項1号ロ，162条1項2号，162条2項1号，162条2項2号，162条3項という複数のルールがまとまっていることが見て取れると思います。

このうちの指摘したいルールがどれかを正確に指し示すためには，条→項→号→イロハ→(1)(2)(3)という条文のまとめ方の順序を理解した上で，六法の記載から，それを正確に探し出すことができるようにしておかなければなりません。

なお，柱書とは，各号列記部分の前の文のことをいい「破産法162条1項柱書」と指摘した場合は，「次に掲げる行為（既存の債務についてされた担保の供与又は債務の消滅に関する行為に限る。）は，破産手続開始後，破産財団のために否認することができる。」の部分のみを指し示すことができます。他方，「破産法162条1項」と指摘した場合は，162条1項1号・2号すべてを指し示すことになります。

ちなみに，教科書や法律文献，あるいは講義の板書では，しばしば，条を「§（セクション記号）」，項を「Ⅰ，Ⅱ，Ⅲ（ローマ数字）」，号を「①・②・③（丸つき数字）」で略記することがあります。これも覚えておくといいでしょう（六法では項が丸つき数字，号が漢数字で示されていることが多いため，混乱しないよう注意しましょう）。

（2）前段・後段／本文・ただし書き

ある「条」や「項」が2つの文に区切られている場合で，「。」（句点）で区切られている前の文を**前段**，後ろの部分を**後段**といいます。同じく，ある「条」や「項」が2つの文に分かれている場合で，後に続く文章が「ただし，」で始まる場合は，とくに，前の文章を**本文**，「ただし，」から始まる文章を**ただし書き（但書）**といいます。例えば，民事訴訟法207条を見てみましょう（図2.4）。

民事訴訟法207条1項は，前段と後段に別れており，207条2項は，本文とただし書きに分かれていることが見て取れると思います。このうち，本文とただし書きの関係は，本文が**原則**，ただし書きが**例外**という関係になっていること

第Ⅰ部　法学学習編

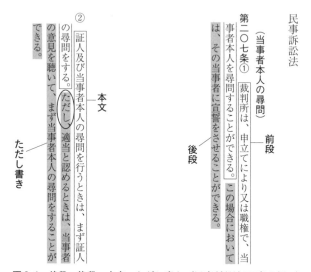

図2.4　前段・後段・本文・ただし書き（民事訴訟法207条を例に）

も，理解しておきましょう[4]。

2.3　法改正に伴う「削除」・「枝番号」

　六法を見ていると，本則の条文の中に「第○条　削除」という表記が出てくることがあります。例えば，刑法200条を見てみると，「第200条　削除」と記載されています。

　刑法200条には，かつて，尊属殺人罪についての規定が存在しましたが，今では削除されています。これには，中学校や高校でもおそらく聞いたことのある，**尊属殺人重罰規定違憲判決**（最大判昭和48年4月4日刑集27巻3号265頁[5]）が関係します（なお，判例の出典表記方法については，第5章を参照してください）。こ

---

[4] したがって，民事訴訟法207条2項は，原則として，証人尋問・当事者尋問いずれも行う場合には，まず証人尋問を行うのが原則（本文）だが，適当と認めるときは，当事者の意見を聞いて，例外的に，当事者本人の尋問を先にすることもできる（ただし書き）というルールになっている，ということになります。

[5] 尊属殺人重罰規定違憲判決については「憲法」の講義で詳細に説明されることになります。なお，この事件の詳細や背景については，谷口優子『尊属殺人罪が消えた日』（筑摩書房，1987年）を是非，参照して下さい。

の尊属殺人重罰規定違憲判決を受けて，平成7年に刑法が改正され，刑法200条の条文は削除されることになりました。このように，法改正が行われたときに，仮に200条を削除したら，201条以下を繰り上げるということになると，混乱が生じる可能性があります。そのため，あえて「削除」という記述を残して，条文番号が移動しないよう工夫がなされています。

　似たような場合で**枝番号**が付されている場合があります。これは，削除とは逆に，元々あった条文の内容をより具体化させるような法改正があった場合に，条文が繰り下がらないようにする工夫です。

　例えば，民法423条という条文を見ると，それに続いて，「423条の2」から「423条の7」という条文が連なっています。この条文は，「債権者代位権」という権利に関わる条文ですが，元々423条しかありませんでした。しかし，判例や学説で，多くの議論が重ねられ，条文には書かれていないルールが多数存在する状況になっていました。これを踏まえて，平成29年の民法改正で，条文の形で整理されました。これも，423条の後ろに多くの条文が入って，条文番号が移動しないような工夫です。よく「○○条の2」と書いてあることから，「423条の7は，423条の子分？」と勘違いされることがありますが，423条も423条の7も，同じ価値を持つ条文だということは理解しておきましょう。

③　法令特有の文言の使い方
──法制執務用語──

　法令の条文は，日本語で書かれていますが，そこで使われる日本語表現には，読む人によって誤解が生じないように厳密な決まりがあります。ひらがな表記か漢字表記かで意味の変わる言葉や，句読点の位置も細かく決まっています。法律の世界で使われる独特の用語を，**法制執務用語**といいますが，代表的かつ重要なものをいくつか紹介します[6]。

---

6) 本節で紹介するもののほか，法制執務用語について詳しく知りたいときは，法制執務・法令用語研究会『条文の読み方〔第2版〕』（有斐閣，2021年）を参照。

第 I 部　法学学習編

3.1　推定する・みなす

推定するとは，ある事実または法律関係について，それに反する事実が証明されない場合（反証があがらない場合）に，法令が一応こうであろうという判断を下すことをいいます。したがって，推定を覆す根拠がある場合は，それを根拠として推定を覆すことができることになります。

他方，**みなす**とは，本来異なるものを法令上，一定の法律関係について同一のものとして扱うことを意味します。

例えば，民法772条1項を見てみると，次のように規定されています。

民法772条1項　妻が婚姻中に懐胎した子は，当該婚姻における夫の子と**推定する**。女が婚姻前に懐胎した子であって，婚姻が成立した後に生まれたものも，同様とする。

この条文は，妻が，婚姻中に懐妊した場合，通常は，その夫の子である可能性が高いため，法律上，一応，その子を夫の子である，と評価することにしたものです。これにより，生まれてきた子は，夫婦間にできた子（＝嫡出子）であると，推定されることになります。

しかし，婚姻中に妻が懐胎した子が夫の子でない場合も考えられます。例えば，婚姻中ではあるものの，すでに夫婦関係は冷え込み，別居生活をしているうちに，妻が新たなパートナーと出会い，そのパートナーとの間で子供ができた場合などを考えてみるといいでしょう。このような場合は，嫡出否認の訴え（民法774条・775条）を提起し，裁判によって，婚姻関係にある夫の子ではないことが明らかとなれば，この推定の効果は覆り，その子は，嫡出子として扱われないこととなります。

もし，仮にこの条文が，「～夫の子と**みなす**」となっていたら，例えば，「夫との間で子ができる状況になかった」「DNA鑑定で明らかだ」など，いくら反証をしたとしても，法律上は，一切それは認められない，ということになります。

32

第2章 条文の読み方

3.2 準用する・例による

準用するとは，ある事柄を規定する場合に，それと類似するが異なる他の事項に関する規定を借りて来る場合のことをいいます。また，**例による**とは，ある事柄を規定する場合に，それと類似するが異なる他の事項に関する制度を，まるごと借りて来る場合のことをいいます。

例えば，「準用する」について，会社法534条を見てみると，次のように規定されています。

> 会社法534条　前款（第527条第1項及び第529条ただし書を除く。）の規定は，調査委員について**準用する**。

これは，会社法上の特別清算という手続における「調査委員」という機関について定めた条文ですが，「前款（第527条第1項及び第529条ただし書を除く。）の規定」これは「監督委員」という別の機関についての規定で，これを借用してくることを定めた条文です。したがって，調査委員を理解する上では，同時に「監督委員」の条文も確認する必要があります。

また，「例による」については，民事執行法195条を見てみましょう。

> 民事執行法195条　留置権による競売及び民法，商法その他の法律の規定による換価のための競売については，担保権の実行としての競売の**例による**。

これは，「形式的競売」と呼ばれる民事執行手続を定める条文ですが，民事執行法上は，この195条一つの条文しか規定が存在しません。しかし，民法や商法その他の法律，また，民事執行法上の「担保権の実行としての競売」のルールなど，いろいろなものを，まるごと借用して，「形式的競売」をできる，ということが定められていることになります。この195条をみるだけでは，「例による」範囲が広すぎて，具体的に何をどうすれば良いのかはわからないので，これを理解する上では，関連する文献で判例や学説などを確認する必要があります。

33

第 I 部　法学学習編

3.3　違法・不正・不法，不当

　いずれもなんだか悪そうな用語ですが，**違法・不正・不法**は，若干のニュアンスの違いはありますが，概ね，行為や状態が法令に違反することをいいます。他方，**不当**は，行為や状態は法令に違反しないが，実質的に妥当性を欠いていたり不適切であることを指します。

　例えば，会社法382条をみてみましょう。

　会社法382条　監査役は，取締役が**不正**の行為をし，若しくは当該行為をするおそれがあると認めるとき，又は法令若しくは定款に**違反**する事実若しくは著しく**不当**な事実があると認めるときは，遅滞なく，その旨を取締役（取締役会設置会社にあっては，取締役会）に報告しなければならない。

　この条文は，不正，違反（法令違反（＝**違法**）・定款違反をまとめて表現しています），不当いずれもが登場する条文ですが，会社の取締役が，何らかの悪いことをしたと認めるときに，監査役が取締役や取締役会に報告をしなければならない旨を規定しています。とりわけ，どのような行為が「不当」といえるかは問題になりやすいところで，具体的には会社法で学ぶことになりますが，さしあたりは，違法・不正・不法と，不当の用語の使い分けとその意味を把握しておきましょう。

3.4　及び・並びに

　日常的に使う「及び」や「並びに」はいずれも（英訳すれば）and の意味ですが，法制執務用語としてのこれらの言葉には，厳密な使い分けがあります。

　まずは，基本的な使い方ですが，2つの語句を並べるときは，「及び」を使います。また，2つ以上の語句を並べるときは，「、」でつなぎ，最後のみ「及び」を使うというルールがあります。

　例えば，サンマとイワシを並べるときは，「サンマ及びイワシ」と表記し，「サンマ・イワシ・サバ・カツオ・サケ」を並べる場合は「サンマ、イワシ、

34

サバ、カツオ及びサケ」と記載します。

ややこしいのが，複数のカテゴリに分かれる語句を並べる場合です。3つ以上の語句が，2段階以上に分かれる場合，**一番小さなグループ分けには「及び」**，それ以外の大きなグループ分けには「並びに」を使うというルールがあります。「及び」は常に最小単位の接続で使われます。

例えば，同じ海の生き物ですが，魚類のサンマとイワシ，そして哺乳類のクジラ，さらに陸上でも活動できるアザラシを並べるときには，「サンマ及びイワシ並びにクジラ並びにアザラシ」と表記します（図2.5）。

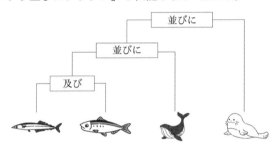

図 2.5　2 段階以上に分かれる場合の「及び」・「並びに」

3.5　又は・若しくは

これも，日常的に使う「又は」や「若しくは」はいずれも（英訳すれば）or の意味ですが，法制執務用語としてのこれらの言葉には，厳密な使い分けがあります。

まずは，基本的な使い方ですが，2つの語句を並べるときは，「又は」を使います。また，2つ以上の語句を並べるときは，「、」でつなぎ，最後のみ「又は」を使います。これは「及び」の使い方と変わりません。

一方，複数のカテゴリに分かれるような語句を並べる場合は，使い方が異なります。3つ以上の語句が，2段階以上に分かれる場合，**一番大きなグループ分けには「又は」**，それ以外の小さなグループ分けには「若しくは」を使うことになっています。「又は」は常に最も大きい接続に使われます。

例えば，食べられる植物を並べるとして，果物のうち柑橘類のみかん・レモ

ン，リンゴ属のりんご，野菜のナスのいずれか，ということを表現するときは，「みかん若しくはレモン若しくはりんご又はナス」と表記します（図2.6）。

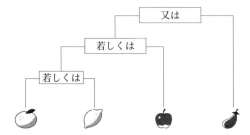

図2.6　2段階以上に分かれる場合の「又は」・「若しくは」

以上の「及び・並びに」「又は・若しくは」の使い分けは，初めのうちは慣れないと難しく感じると思いますが，とりわけ，**刑法**や**行政法**分野に属する法律では，頻繁に登場し，正確に読み取る必要があります。もっとも，頭で考えると混乱する場合には，一度，条文を音読してみると良いでしょう。そうすると，条文の文言のつながりが見えてくることが多いので，試してみることをお勧めします。

3.6　善意・悪意

また，法制執務用語ではありませんが，条文においては，「善意」や「悪意」という言葉が出てくることがあります。法律用語としての**善意**は，ある事実を知らないことを意味します。他方で，**悪意**は，ある事実を知っていることを意味します。

民法94条2項　前項の規定による意思表示の無効は，**善意**の第三者に対抗することができない。

民法704条　**悪意**の受益者は，その受けた利益に利息を付して返還しなければならない。この場合において，なお損害があるときは，その賠償の責任を負う。

したがって，民法94条2項の「善意の第三者」は，親切で心優しい第三者を意味するわけではなく，「ある事実を知らない第三者」を意味することになります。また，民法704条の「悪意の受益者」も，別に本人に邪悪な感情があろうとなかろうと，「ある事実を知っている受益者」を意味するに過ぎません。

ただし，「悪意」については，基本的には，上記の説明の通り，ある事実を知っていることを意味しますが，文脈によっては，一般用語としての悪意，つまり，「相手に悪いとわかっていて何かをする」という意味で使われる場合もありますので注意が必要です（例えば，民法770条1項2号，破産法253条1項2号など参照）。

• コラム①　　　　　　「ふくろん」を知っていますか？

毎週末，法律関係者を癒してくれるマスコットキャラクターに，大分県弁護士会法律相談センターの「ふくろん」がいます。ふくろんは，SNSのX（旧Twitter）で，毎週金曜日の正午になると，次のようなセリフを画像付きでポストしてくれます。

「金曜日のお昼は，もう，土曜日にふみこんだものとみなす」

法制執務用語の基本を学んだみなさんであれば，これに多くの法律関係者が癒される理由がわかるのではないでしょうか。つまり，ふくろんの手にかかれば，金曜日の正午以降は，土曜に踏み込んでいる（＝休みの土曜日に入っている）とみなしてくれることになります。もちろん，金曜日の午後は，客観的に見れば（どう考えても）金曜日ですが，「みなす」は，本来異なるものを法令上，一定の法律関係について同一のものとして扱うことを意味するので，ふくろんの世界では，誰がなんと言おうと，休みの日である土曜日に踏み込んでいると主張できることになります。そうやって，仕事が辛くなる金曜日を，気持ちだけでも軽くしてくれるのがふくろんです。

なお，ふくろんのXのアカウントは，他にも，法律関係者を癒す有益なポストを提供してくれています。ぜひ，フォローしてみてはいかがでしょうか（ふくろん：@horitsusodan）。

第3章
法の適用における法的三段論法

　条文の読み方を理解した上で，本章では，法律・条文の「使い方」について学びます。何らかのトラブルが生じたときに，その解決を導くのが法律ですが，その場合の思考方法を追体験していきます。ここで重要な思考のフレームが「法的三段論法」と呼ばれる枠組みです。

① 法を「使う」ということ

　法学を学ぶことで，法律の知識を身につけることそれ自体も価値のあることですが，法学部で学んだり，法的知識を活かした仕事に就いたりする上では，法を「使える」ようになることが重要です。その際，一定程度の法律知識を「知っている」ことは重要ですが，あらゆることを記憶しなければならないかというと，必ずしもそうではありません。そもそも，条文は六法を見れば書いてあるので，条文の文言を記憶する必要はありません。実際，法曹になるための司法試験でも，六法は試験中に参照することができます。他方で，条文をより具体化したり整理したりする判例や学説の見解は，条文には書かれていないので，これらについては，一定の記憶が必要になってきます。しばしば，「法律は記憶するのではなくて，理解するんだよ」というアドバイスを法学部の先生からされることがありますが，確かに，条文の文言を記憶する必要はないにせよ，理解する前提として一定の事柄を記憶する必要があることは，否定できないかと思います（第10章参照）。

　ただ，これらの知識を，ただ，知っているだけでは，法律を使えるようにはなりません。例えば，数学の公式をいくら記憶していたとしても，その公式が，どのようなときに使うものなのかを分かっていなければ，問題に答えることが

できないという状況と似ています。

では，法を使える状態とはどういうことか。これは，事例・事件を分析し，法を適用し，結論（法的判断）を導くことができる状態，ということができます。具体的な事実から法的に意味のある事実を取り出して，抽象的な法のルールにあてはめて，結論（解決）を得る。いわば，現実の世界と法律の世界をつなぐことができるようにすることが，本当の意味で，法律を「使える」という状態だといえます。

2 法適用の思考プロセスとしての「法的三段論法」

法を使える状態にたどり着くためには，何らかの問題に対峙したときに，法律家らしく法を適用し，物事を解決する思考プロセスを身につける必要があります。このときに使う思考プロセスが**法的三段論法**というものです。法的三段論法とは，一般的に，大前提（規範・ルール・法律の条文）→小前提（事実のあてはめ）→結論という順序で，問題に対する解答を導き出す議論の方法ですが，

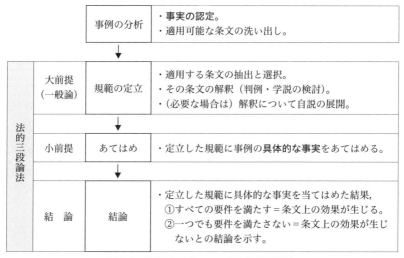

図 3.1　法適用のプロセス（法的三段論法）

第Ⅰ部 法学学習編

これだけでは，やや抽象的です。もう少し詳しく分析して，次のような思考プロセスだと考えると理解しやすいでしょう（図3.1）。

　図3.1で示した思考プロセスは，法的判断の基本構造で，さらにいうと，今後，皆さんが書いていくことになる法律答案や，法的な文章の構成そのものです。何だか難しそうに見えますが，法律に携わる人はもちろん，ルールに基づいた適切な判断（法的判断）をする上では，この考え方が基本となります。

　例えば，サッカーの試合中に，キーパー以外の選手であるＡさんが，ボールを手で掴んだ，という事態が生じたとしましょう。そうすると，まずはＡさんが手でボールを取り扱ったという事実が認定されます（事例の分析）。次に，さまざまな反則のルールがある中で，ハンドの反則が成立する場合かどうかが検討され，適用ルールが決まります（規範の定立）。そして，改めてＡさんがボールを手で掴んだという事実をこのルールに当てはめると（あてはめ），最終的な結論として，Ａさんはハンドの反則でイエローカードのペナルティを受ける（結論），といった具合です。サッカーの試合中は，審判が以上のような思考を瞬時に働かせて判断するわけですが，法学における法適用プロセスも，これとほとんど同じです。

　では，少し状況を変えて，Ａさんがわざとボールを掴んだのではなく，たまたま飛んできたボールが手首に当たった場合，これはハンドの反則になるのか，ならないのか，サッカーをよく知らない人にとっては判断がつきません[1]。それと同じく，法律（ルール）の知識がないと，目の前に生じた問題について，何の法律の何条が適用されるのか，また，そのルールが適用されるのか否かが微妙な事例については，判断がつかないことになります。それでは困るため，法学部の講義や教科書では，個別の法律のルールについて詳細かつ具体的に学んでいくわけですが，その結果として，先の図3.1で示したところの，特に「規範の定立」に当たる部分の知識の習得や議論にウエイトが置かれることに

---

1) なお，サッカーでハンドの反則が成立するケースは，単純に手を使った，ということだけではないようです。関心のある方は，日本サッカー協会の競技規則を参照してみてください。これも歴とした「法」です（JFA「競技規則」https://www.jfa.jp/laws/（最終アクセス2025年1月20日））。

なります。逆にいうと，事例の分析やあてはめについては，あまり説明がなされないともいえますので，ここは，自力で思考の仕方を身につけ，また，鍛えていくほかありません。

　これが，法律は，ただ教科書を読んだり，講義を聴いているだけでは身につかない，といわれる理由の一つですが，このことを踏まえると，普段，教科書を読んだり，講義を聴く上では，どういったケースを想定したルールなのか，なぜ，このようなルールが有るのか，その背景を理解し，よく問題となる点（論点）はどこにあるのか，それに対し，どのような見解があるのか，どう考えるべきか，いわば法が実際に機能する現場を意識しながら学習していくことが重要となります。

③　法の適用を実践する

3.1　刑事法の問題を例として

　では，簡単な事例をもとに，「法の適用プロセス」に沿って，法の適用を実践してみましょう。これは，「法律答案を書く」こととほぼ同じですので，次のような問題が出された場合に，どのように解答を作成していくか，を追体験する形で見ていきましょう。

〔ケース〕もともと仲の悪かったAとBは，あることをきっかけに口論となった。Aは「こんな奴死んでも構わない」と思いながら，目の前にあった重さ1kgの金属バットを両手で掴み，1m前にいたBの頭めがけてフルスイングした。Bはとっさに逃げようとしたが，Aのあまりの剣幕に体が動かず，バットが側頭に当たり，その場に倒れてしまった。急所は外れたもののBは打たれた衝撃と，側頭から流れた血を見てショックを受け，そのまま気絶した。病院に搬送されたBは幸い命に別状はなかったが，頭蓋骨骨折で全治6ヶ月の診断を受け入院した。Aの罪責は何か。

第 I 部　法学学習編

（1）事例の分析

　まずは，事例の分析です。今回の問題では，Ａの**罪責は何か**と問われています。これは，「犯罪成立の可否について述べよ」という問題です。犯罪や刑罰に関する法律といえば，刑法です。

　この事例で，犯罪の成否を決める上では，Ａは犯罪になりうるどんな行為を行ったのかを分析する必要があります。このとき，刑法では，実行行為（やったこと）と，結果（生じた内容）を分析する必要があります。今回の事例では，次のような分析ができます。

　・実行行為（やったこと）→　Ｂの頭に向けてバットをフルスイングした。
　・結果（生じた内容）　　→　Ｂが頭蓋骨骨折の大怪我を負った。

（2）規範の定立

　次に，上記の行為を犯罪と評価できる根拠はなにか，つまり，何罪が成立する可能性があるかを検討することになります。怪我をさせるような行為をして，実際に大怪我をさせた，ということから，例えば，「暴行罪」「傷害罪」「過失傷害罪」「殺人未遂罪」などが思いつくところかと思います。今回の事例では，「傷害罪」あるいは「殺人未遂罪」が成立する可能性がある，と「あたり」をつけた，と仮定します。もっともこの「あたり」をつけられるようにするためには，ある程度，刑法を学習する必要があります。

　では，仮に，**傷害罪**が成立するか否かを検討してみます。刑法204条をみてみると，「人の身体を傷害した者は，15年以下の拘禁刑又は50万円以下の罰金に処する。」と定められていますが，これを「要件」→「効果」の枠組みに分析すると，図3.2のような形になります。

　また，**殺人未遂罪**が成立するかを検討してみます。殺人未遂罪は，刑法199条（殺人罪），203条（未遂罪），43条（未遂減免）という３つの条文を組み合わせることで把握できる罪です（図3.3）。

　適用できそうな条文を抽出した後は，改めて，事例に立ち返って，どの条文

42

第 3 章　法の適用における法的三段論法

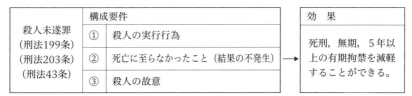

図 3.2　傷害罪の構成要件と効果

	構成要件	
殺人未遂罪 (刑法199条) (刑法203条) (刑法43条)	①	殺人の実行行為
	②	死亡に至らなかったこと（結果の不発生）
	③	殺人の故意

効　果

死刑，無期，5 年以上の有期拘禁を減軽することができる。

図 3.3　殺人未遂罪の構成要件と効果

を適用しうるか「選択」します。このとき，法を適用する際に問題となる点（＝問題の所在・論点）は，判例・学説を参考にして検討します[4]。

今回の設問で，どのように一般論（規範の定立）を展開すべきかを考えてみると，問題となっている点は，❶傷害罪と殺人未遂罪，どちらが適用されるのか，ということと，❷その上で，選択した罪が本当に成立するのか，を考える必要があります。

このうち，❶の点については，客観的に殺人行為が行われていたとしても，殺意まではなく，傷害の故意しかなかった場合には，傷害罪にとどまるとするのが，判例や学説の整理です。そのため，今回は，Aに，殺人の故意があったのか，あるいはなかったのかが，傷害罪となるか，殺人未遂罪となるかの分かれ目，ということになります。今回のケースでは「死んでも構わないと思いな

---

2) 刑法では，「要件」のことを、犯罪の「構成要件」といいます。
3) 刑法上，原則として，「故意（＝罪を犯す意思）」がない行為は罰しないこととされているため，このような要件も導かれます（刑法38条1項本文参照）。詳細は刑法総論で学習します。
4) 論点について，条文の解釈や，適用・不適用について争いがある場合は，判例や学説を参考にしつつ，自説を展開した上で判断し，使う条文を確定させていく必要がある場合もあります。

第Ⅰ部　法学学習編

がら」バットを振り回していることから，殺意が認められ，傷害罪ではなく，殺人未遂罪の成否が問題となりそうです[5]。

　そうなると，選択した，❷殺人未遂罪の成否が問題となるので，これについて，規範の定立をします。使う条文を選択した上で，そのルールの内容を確定させていくイメージです。仮に，法律答案で記載するとすれば，次のように記述することになるでしょう。

　　本件において，Aに殺人未遂罪が成立するか否かが問題となる。
　　一般に，殺人未遂罪が成立するためには，刑法199条，203条，43条に基づき，①殺人の実行行為が行われたこと，②その実行行為により，死亡の結果が生じなかったこと（結果の不発生），③殺人の故意（殺意）があること，の構成要件を満たす事実が必要となる。

（3）あてはめ

　「（2）規範の定立」で選択・確定したルールに，事例の具体的な事実を当てはめていきます。規範の定立で，条文を「要件」→「効果」の形で分析しなおしてルールを示しているので，その要件と，事例に現れている事実とを，一対一で対応させるように，あてはめをしていくことが大切です。下記の記述例では，ナンバリング（①②③）を使って，要件と事実とが対応していることがわかりやすいように表現しています。

　　以上を本件に当てはめると，Aは，Bに対し，1kgもの金属バットをもって，頭にめがけてフルスイングしている。金属バットの重さや形状，A・B間の距離，また頭蓋骨骨折やそれに伴う脳への影響等を考慮すると，この行為は，Bが死亡する可能性の高い危険な行為だといえる。したがって殺人の実行行為が認められる（①）。もっとも，Bは死亡には至っていない（②）。
　　また，Aは本件行為を行うに際して，「こんな奴死んでも構わない」と思って

5）慣れてきたら，この事例を読んだ段階で「傷害罪」の検討は飛ばして，❷の段階，すなわち殺人未遂罪の成否の検討に入っていくことができます。

44

第 3 章　法の適用における法的三段論法

いたため，殺意も認められる（③）。

（4）結論

　以上の検討を踏まえて，結論を導きます。今回の問題では，「罪責はなにか」，すなわち，何罪が成立するかが問われていましたので，次のような記述で，文章を締めくくることになるでしょう。

　したがって，Aには殺人未遂罪が成立する。

3.2　民事法の事例を例として——自分でやってみよう

　次に，民事法の事例でもやってみましょう。もっとも，思考プロセスは，先の刑事法の事例と同様ですので，読者の皆さんご自身でやってみていただければと思います。

　〔ケース〕もともと仲の悪かったAとBは，あることをきっかけに口論となった。Aは「こんな奴死んでも構わない」と思いながら，目の前にあった重さ1kgの金属バットを両手で掴み，1m前にいたBの頭めがけてフルスイングした。Bはとっさに逃げようとしたが，Aのあまりの剣幕に体が動かず，バットが側頭に当たり，その場に倒れてしまった。急所は外れたもののBは打たれた衝撃と，側頭から流れた血を見てショックを受け，そのまま気絶した。病院に搬送されたBは幸い命に別状はなかったが，頭蓋骨骨折で全治6ヶ月の診断を受け入院した。Bは入院・治療費等で150万円を要した。BはAに対し，この費用について損害賠償請求することができるか。

　刑事法の事例とそっくりですが，設問は，怪我をさせられたBがAに対して，「損害賠償請求することができるか」となっています。これは，私人間の法律関係をめぐるトラブルですから，適用される法律は，民法です。もう少しヒントを与えておくと，今回の事例は，民法上の**不法行為**（民法709条）の成否をめ

45

第Ⅰ部　法学学習編

ぐる問題です。民法上の不法行為に関する議論は，民法の「不法行為法」や「債権各論」で学ぶことになりますが，設問に答える上で，これらの教科書を参考にしてみると良いでしょう。①**事例分析**→②**規範の定立**→③**当てはめ**→④**結論**の思考プロセスを使って，問題に答えてみてください。ただし，刑事法の場合に引っ張られすぎないように，事例や条文は，完全に独立したものだと心がけてください。

第4章

法解釈とその適用のあり方

　本章では，法解釈について見ていきます。何らかの法的問題を解決する際に，条文を読み，それを単純に適用するだけで解決できる場合ばかりではありません。多くの場合，その条文の文言の「解釈」が必要になります。特に法学部では，その条文の解釈や適用のあり方など，法解釈の内容を中心に学習することになりますが，その前提として，さまざまな解釈方法があること，そして，法解釈の素材となる，判例や学説の働きについて，見ていきましょう。

1　法解釈の意義

　条文を読んだだけで，その法の内容が明確に把握できるならば，何らかの問題を解決する上では，事実をそのまま法にあてはめて，結論を出すことができます。ところが，条文は，世の中に生じる様々な問題を解決できるように，一般的かつ抽象的に作られています。したがって，現実に発生した問題を法に基づいて解決する上では，その法の意味内容を，あらためて明確化する必要性があります。このような営みを，**法解釈**といいます。

　大学の法学部で学ぶ内容は，単純な条文の知識だけではなく，大半が，法の解釈や適用のあり方を学ぶ，**法解釈学**です[1]。したがって，法学を学ぶ際には，条文を読んだ上で，その条文がどのような場合を想定して作られ，また，その条文の文言をどのように解釈するか，そして，なぜそのような条文（ルール）があるのかという背景を理解することが重要になります。そうすることによっ

---

1)　より広い視野から，「法とは何か」といった議論や，法と社会の関係，法発展の歴史等を扱う学問もあります。一般に基礎法分野といわれ，法哲学，法制史，法思想史，法文化論，法社会学等がこれに含まれます。

47

第Ⅰ部 法学学習編

て，本当の意味で「法が使える」状態に近づくことができます。

２ 法解釈の手法

次に，簡単な事例を使って，法解釈の手法について体験してみたいと思います。

〔ケース〕あなたは，とある谷川を渡るための大きな吊橋の管理人を任されることになった。その吊橋のそばには「この橋を馬が通行することを禁止する」との立て札が設置されており，あなたはそこで監視を行っていた。
　ある時，とある動物を連れて吊橋を渡ろうとする旅人が，橋にやってきた。さて，あなたは，この旅人と動物が，吊橋を渡ることを認めるべきであろうか。

この事例を前提として，旅人が連れている動物が「ロバ」だったとしましょう。この場合をあなたはどのように考えるでしょうか。「いや，ロバは馬ではないし，この吊橋をわたることは問題ないだろう」と考える方もいれば，「いや，馬が通れないんだったら，ロバも通行できないんじゃないか」と考える方もいるかと思います。いずれの見方でも，すでにあなたは立派に「法解釈」を行っていることになります。

2.1 文理解釈

「この橋を馬が通行することを禁止する」というルールを見て「ロバは馬ではないから通行できる」と考えた方は，ルールを日本語文法通りに読み，そして，このルールには「馬」としか書いていないので，ロバはこのルールに引っかからない，と考えたことかと思います。このように，ルールの文言を言葉の意味通りに忠実に解釈する方法のことを，**文理解釈**といいます。法解釈におい

て，まず，第一に重要な解釈方法は，この文理解釈です。

2.2 目的論的解釈

他方で，「この橋を馬が通行することを禁止する」というルールを見て，「いや，馬が通行できないなら，ロバも通行できないのではないか」と考えた方は，ルールの文言というより，そのルールの背後にある意図や目的に考えをめぐらせたのではないでしょうか。例えば，「吊橋の耐久性の関係で重い動物を通すと吊橋が落ちるので，そういった動物を通さないようにしているのではないか」「吊橋が狭いので，すれ違いができないと交通に支障が生じるので，大きい動物を通さないようにしているのではないか」「吊橋の先は神社で，下乗の意味があるのではないか」など，様々な目的に照らして「ロバも通行できない」という判断を導いたものと思われます。このように，ルールの文言に必ずしもこだわらず，ルールの目的や趣旨を考慮して解釈する方法を，**目的論的解釈**といいます。

ただ，そのルールの目的は何か，というのは文言からは明らかではないですし，人によって様々に考えが分かれる可能性があります。そうなると，ある人は「ロバは通れる」，ある人は「通れない」と言い出して，ルールが意味をなさなくなってしまいます。そのため，目的論的解釈をする上では，法の目的をまず探究する必要がありますが，その際に，法の目的はどこから探究することができるかについて，次のような見方があります。

・立法者意思説：立法者が立法の際に有していた目的が法の目的であるとするもの。
・法 律 意 思 説：法は立法者を離れた客観的な存在であり，現代の社会においてその法が有する目的として客観的に認識されるところが法の目的である，とするもの。

なお，立法者意思説，法律意思説いずれが妥当か，という点については古く

第Ⅰ部　法学学習編

から議論がありますが，近年は法律意思説を基本としながらも，法解釈の上で
は立法者意思の探究も重要だと認識されています。

　また，立法者意思説をとるにしても，法律意思説をとるにしても，目的それ
自体はどういうものなのかを検討する必要がありますが，それは，様々な手法
で検討されます。

　　・体 系 的 解 釈：その法が他の法と整合するように考える。
　　・歴 史 的 解 釈：制度や法規の歴史的な沿革・流れから考える。
　　・比較法的解釈：外国法と比較して考える。
　　・利 益 衡 量：ある解釈をとることで保護され，または保護されない価値・
　　　　　　　　　　利益を考えて比較する。

　法学部の教員など，法学研究者が法解釈学を行う際には，これらの手法を活
用しながら，「あるべき法解釈」の探究，より「妥当な法解釈」のあり方を考
えていることになります。

2.3　様々な解釈手法

　また文理解釈や目的論的解釈と強く関連する重要な解釈手法があります。こ
こでは，拡張解釈・縮小解釈・反対解釈・類推解釈を紹介します。

　再び，先の事例に戻って考えていきますが「この橋を馬が通行することは禁
止する」というルールの文言はそのままに，このルールの目的は「馬のように
体重が重い動物が吊橋をわたると，吊橋が落ちてしまう可能性があるから，こ
のルールが制定された」と仮定しましょう。

（1）拡張解釈

　拡張解釈とは，条文の文言に，それが本来もつ意味よりも，拡張した意味を
与える解釈のことをいいます。例えば，先のロバを考えてみましょう。

50

第4章 法解釈とその適用のあり方

【ロバ】
哺乳綱奇蹄目ウマ科ウマ属ロバ亜属
学名：Equus asinus

成体の体重：300kg

　文理解釈では，「ロバ」は「馬」ではないので，ルールの外，つまり，ロバはこの吊橋を渡ることができそうですが，ロバは体重として300kg，馬も400kg程度と仮定すると，やはり，ロバもこの吊橋を通ることはできない，と考えるのが妥当だ，と判断したとしましょう。
　この時，吊橋の管理人であるあなたは，旅人に向かって，いきなり「目的は重い動物を通さないためだから」と正面切って，ロバの通行を禁止することもできないわけではありませんが，少なくとも「馬が通行できない」というルールが厳然とある以上，このルールの文言にできる限りそった形で説明する方が説得力があります。
　そう考えた場合に，考えられる解釈の仕方としては，ロバが，**ウマ科**の動物であることを捉えて，この「馬は通行できない」という「馬」を「ウマ科」と，本来「馬」の文言が持つ意味よりも拡張して，ルールを解釈する方法が，拡張解釈になります。したがって，「この橋を馬が通行することを禁止する」のルールは「この橋をウマ科の動物が通行することを禁止する」と解釈し，「ロバ」もウマ科の動物ゆえにこの吊橋を通行できない，という帰結を導くことができます。

（２）縮小解釈
　縮小解釈とは，条文の文言に，それが本来もつ意味よりも，狭い意味を与える解釈のことをいいます。次は，旅人の連れている動物が，生まれたばかりの

51

第Ⅰ部　法学学習編

「仔馬」だったと考えてみましょう。

【仔馬】

哺乳綱奇蹄目ウマ科ウマ属
学名：Equus caballus

仔馬の体重：50kg

　文理解釈では「仔馬」も「馬」であることは間違いないので，仔馬も吊橋を通行することはできないということになります。ところが，このルールの目的は「重い動物を通行させない」ことなので，わずか50kgしかない仔馬を通行させないとすると，過剰規制となってしまいます。50kgの動物が通れないとなると，男子高校生（平均60kg前後）も通れないということになってしまいます。

　このような場合も，もちろんルールの「目的」を盾に，仔馬の通行を認めることは可能ではありますが，誰がどう見ても間違いなく「馬」である以上は，拡張解釈と同じく，なるべくルールの文言にそった形で，解釈を提示する方が説得力が高いといえます。もし，ロバを連れた旅人が近くで見ていて，「明らかに馬なのに通行できるなんておかしいじゃないか！」と文句を言ってきたら，その旅人を説得できるような解釈を用意しておいたほうがいいことは，容易に想像できるでしょう。

　そうした時に考えられる方法が，「この橋を馬が通行することを禁止する」の「馬」は，あくまで成体（大人）の馬であると「馬」の範囲を縮小して解釈し，「成体の馬」ではない「仔馬」には，このルールを適用しない，したがって，仔馬は吊橋を通行できる，という帰結を導くという方法が考えられます。

第4章　法解釈とその適用のあり方

（3）反対解釈

反対解釈とは，条文に該当する場合以外は，条文は適用されない，とする解釈です。次の動物は，アルパカです。

【アルパカ】

哺乳綱偶蹄目ラクダ科ビクーニャ属
学名：Vicugna pacos

成体の体重：60kg

　遠目に見ると，馬っぽく見えなくもないアルパカですが，文理解釈を取れば「アルパカ」は「馬」ではないので，吊橋を通行できることになります。また，目的論的解釈をとっても，もふもふしているため見ためは大きく重そうに見えるアルパカですが，60kgと軽量の動物であることから，通行可能だと判断できるでしょう。この，目的に照らして，ルールを適用しないという解釈は「ルールに書いてあること以外には，このルールを適用しない」ということを意味します。

　このように，ルールの適用範囲を限定する効果を導きたい場合は，反対解釈を使うことになります。結局，文理解釈と反対解釈の論理的な結論は同じになりますが，ルールの文言のみを見て判断するのではなく「目的論的解釈」を介してルールの目的を検討した結果，ルールを適用しないという効果を得ようとする場合は，反対解釈を用いることになります。

（4）類推解釈

　類推解釈とは，条文の要件にあたる事実と若干異なる事案に，その条文が定めている内容と同じ法的効果を与える解釈のことをいいます。しばしば，**類推適用**という表現で出てくることがあります。今回の動物は「キリン」です。

第Ⅰ部　法学学習編

【キリン】

哺乳綱偶蹄目キリン科キリン属
学名：Giraffa camelopardalis

成体の体重：800kg

　文理解釈上「キリン」は「馬」ではないので，吊橋を通行できることになってしまいます。しかし，800kgもの重量級の動物ですから，目的に照らして，ルールを適用する必要があるでしょう。では，「この橋を馬が通行することを禁止する」の文言を解釈して，キリンの通行を禁止することはできるでしょうか。拡張解釈のところでやったように「馬」を「ウマ科」と解釈しても，キリンは「キリン科」の動物なので，まだルールに引っ掛けることはできません。さらに，上の分類目も「偶蹄目」となっており（馬は「奇蹄目」に分類されます）ここでも引っかかりません（キリンは一見すると馬の仲間のようですが，この分類だと「牛」の仲間に近いようです）。それならば，さらに上の分類である「哺乳綱」にするか，となると，「哺乳綱」は人間も入りますので，「この橋を馬が通行することを禁止する」というルールが人間にまで及ぶことになってしまい，妥当ではありません。

　こうなってくると，もはやルールの「文言」を解釈するだけでは，キリンの通行を禁止することはできないため，ルールの目的が全面的に表に現れて，ルールに載っていない場合であっても，このルールは，似た事例に類推適用されるべき，と解釈し「キリン」は通行できないという帰結を導く解釈をとることにならざるを得ないでしょう。

　ある意味では，「目的」から直接に結論を出している点で，わかりやすく感じるかもしれませんが，類推適用は，ルールの文言を無視するという重大な問題をはらむことになります。そのため，類推適用（類推解釈）は，慎重に行わ

れるべきだといえます。したがって，類推適用するにしても，類推適用できる場合の要件はどうか，どの範囲まで類推できるかといった点を，別途考える必要があります。

③ 法解釈の必要性

以上で見てきたように，ある程度抽象的なルールであっても，法解釈により，一つのルールから様々なケースを処理することができます。もし，様々な法解釈が許されず，常に，文理解釈しか許さないということになれば，「この橋を馬が通行することを禁止する」というシンプルなルールで良かったものが，新しい動物が吊橋に来るたびに，「この橋を馬（仔馬は除く），ロバ，キリン，ゾウ，ライオン，ウシ，カバ……が通行することを禁止する」と書き加えていくことになり，どんどんルールの文章が長くなるため，ルールの意味も把握しにくくなってしまいます。

そうであれば，例えば「この橋を体重200kgを超える動物が渡ることを禁止する」という形で，ルールを改正すれば良いではないか，とも考えられます。確かに，それも一つの手ですし，とある谷川にかかる吊橋のルールということであれば，それで問題は解決するでしょう。しかし，国民全体に影響の及ぶ法律は，文言を変えるために，国会での立法手続を経る必要があるので，そう頻繁に文言を変えることは現実的にできません。そのため，法解釈によって，今あるルールを前提にしつつ，ルールの内容を充実させていく工夫として，法解釈は必要かつ重要です。

④ 法解釈の基準

ただ，法解釈は，様々な手法を駆使することによって，どんな結論でも導き出せてしまうという問題があります。行き過ぎれば，それは屁理屈ということになるわけですが，屁理屈と合理的な法解釈の境界線や，あるべき法解釈はど

第Ⅰ部　法学学習編

のようなものかは，難問です[2]。

　この問題について，明確な解答はありませんが，一般的に「良い法解釈」とは，誰が判断しても同じ結果が導かれるよう基準が明確であること，結論が社会的に妥当であること，また，実際にその法を使う上での運用コストが妥当であること，などのバランスが取れている解釈が「合理的な法解釈」だということができるでしょう。

⑤　法解釈の拠り所

　次に，法の解釈や適用をする上で，その拠り所となる，法解釈の在処について見ていきたいと思います。

5.1　裁判所による解釈―判例・裁判例―

　法解釈をする上で，もっとも重要な拠り所となるのは，判例です。判例は，広い意味では，裁判の先例すべてを指しますが，法解釈の拠り所となる判例は，最高裁判所が，個別の裁判の理由の中で示した判断のうち，法的拘束力のある部分のことをいいます。最高裁判所は，法令の解釈や適用について，最終審として結論を出すほか，その統一も担っており，ある論点について，最高裁の判例が出ると，その後の裁判は，この判例が示したルールにしたがって判断がなされることになります。裁判所が判例に違反した判断をした場合，上級審において，判例違反を理由に下級審の判断が破棄されることになります（民訴318条1項，刑訴405条2号参照）。さらに，最高裁が出した判例を変更する場合は，「判例変更」という手続が必要となり，最高裁の裁判官15人全員による「大法廷」で審理する必要があります（裁判所法10条）。最高裁判所の判例は，非常に強い拘束力を持つ法解釈の拠り所となります。

---

2) 突き詰めて「法とは何か」「法解釈とはどのような営みか」といった哲学的なテーマに興味を持った場合は，法哲学や，関連する書籍にチャレンジしてみましょう。実のところ，ここまでで紹介した解釈手法も，どのように位置づけるかについて議論があるほどです。学習が進んでから，じっくり考えてみましょう。

また，最高裁の判例が未だ存在しない論点については，高等裁判所の判断が法的拘束力を持つ場合もあります（しばしば，**高裁判例**と呼ばれます）。さらに，戦前の最高裁に当たる**大審院**の判断も，判例として法的拘束力をもちますが，その拘束力は高裁判例と同等と位置付けられます。

なお，法的拘束力のない下級審の判断のことを，特に，**裁判例**ということがあります。これは，最高裁判例のような拘束力はないものの，判例がまだ存在しない場合には，一応の法解釈の拠り所となります。

5.2 行政解釈—通達・訓令など—

行政解釈とは，行政機関が，所管する法律について，その省庁としての見解を示すことをいいます。**通達**をはじめ，**訓令**，**通知**，**Ｑ＆Ａ**といった形で発せられ，行政機関の運用を統一する働きがあります。公務員になると，法律のみならず，通達などこれらの行政解釈の重要性を感じることになるでしょう。もっとも行政解釈はあくまで，ある法の解釈・適用にかかる行政機関独自の見解にすぎないため，その法についてトラブルが生じた場合には，裁判で決着がつけられることになります。その結果，行政解釈とは，別の解釈が示されることもあります。例えば，有名な事件として，次のようなものがあります。

〔ケース〕Ａは，インターネットを通じた馬券購入と競馬予想のソフトを組み合わせて，機械的に反復継続して大量の馬券を購入し，多額の払戻金を得て利益を得ていた。Ａは，この場合の馬券の払戻金は，「営利を目的とする継続的行為から生じた所得」なので「雑所得（所得税法35条）」に該当するとして，外れ馬券の代金については「必要経費」として所得から控除した上で計上し，確定申告を行った。

他方，課税当局（国税庁）は，「競馬の馬券の払戻金」は「一時所得（所得税法34条）」に該当すると定めた通達（所得税基本通達34-1(2)）に基づき，外れ馬券の代金を控除しない所得を基準とする課税処分を行うとともに，Ａが虚偽の確定申告をしたとして所得税法違反で刑事告訴した。Ａは，課税処分の取消しと無罪を求めて争った。

第Ⅰ部　法学学習編

　少々難しいですが，このケースで，Aは，あくまで仕事で馬券購入しており，この場合，当選馬券の払戻金は「雑所得」にあたると主張しています。雑所得だと評価されると，払戻金から，当たり馬券の購入費のみならず，ハズレ馬券の購入費用も経費として差し引いた金額に対してのみ課税されるため，支払わなければならない税金は大きく減少することになります。

　他方，国税庁側は，通達に基づいて，馬券の払戻金は「一時所得」に当たるとして争っています。一時所得として評価されると，払戻金から，当たり馬券の購入費のみが差し引かれ，残りの分が課税対象となり，Aの支払うべき税金は，はるかに大きくなります。Aの主張と国税庁の主張とを比較すると，最終的にAが支払わなければならない税金の金額が，70億円以上変わるという状況でした（図4.1）。

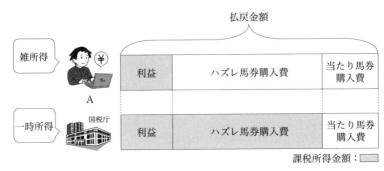

図4.1　ハズレ馬券事件における当事者の主張

　この事件は，最高裁まで争われ，最終的に，判例（最判平成27年3月10日刑集69巻2号434頁）が出るに至りました。この最高裁判例は，次のように示して，Aの解釈が正当であると判断しました。

　「被告人（A）が馬券を自動的に購入するソフトを使用して独自の条件設定と計算式に基づいてインターネットを介して長期間にわたり多数回かつ頻繁に個々の馬券の的中に着目しない網羅的な購入をして当たり馬券の払戻金を得ることにより多額の利益を恒常的に上げ，一連の馬券の購入が一体の経済活動の実態を有するといえるなどの本件事実関係の下では，払戻金は営利を目的とす

る継続的行為から生じた所得として所得税法上の一時所得ではなく雑所得に当たるとした原判断は正当である」。

　事件の詳細については，この判決の解説をご覧いただくとして[3]，ここで知っておいて欲しいのは，行政機関（国の機関）の解釈は一応の基準になるものの，だからといって，その解釈が必ずしも正当と評価されるわけではなく，最終的な解釈は，司法（裁判所）が決定づけるという点です。

　なお，上記判決を踏まえ，所得税基本通達34-1(2)に，上記判例の趣旨を反映した文言が追加され，実質的に通達の改正がなされるに至っています[4]。

5.3　学説──法学者の見解

　法解釈の拠り所として，もう一つ重要なものが，学説です。**学説**は，法学を研究する研究者（＝法学者）の見解のことをいいます。ここでいう法学者とは，主として，法学を専門とする大学教員や研究所職員，そして，大学院生をも含む**研究者**ですが，法曹（弁護士，検察官，裁判官）や，実務に携わっている人（行政機関の職員や企業法務の担当者など）で，論文等を通じて見解を発信している**実務家**もこれにあたります。

　学説は，あくまで法学者一個人の見解ではありますが，判例や行政解釈が確立していない場合や，不明確である場合に，法解釈の方向性を提案したり，理論的な説明を加えたりする役割，また，立法の不備や，判例・行政解釈の誤りを指摘し，批判や提案を行う役割を担います。学説は，論文等でその見解が世に問われ，さらに批判的に検討されることになりますが，この過程で徐々に，コンセンサスが生まれ，それが結果として，実務に影響を与えたり，法改正を促すことになったりします。

　学説は，その「支持のされ方」によって，いくつかの呼び方があります。例えば，法学者の中である程度常識として通用している見解のことを**通説**，比較

---

3) 例えば，一高龍司「判批」ジュリスト臨時増刊1492号（平成27年度重要判例解説』(2016年) 195頁。

4) 国税庁「法第34条《一時所得》関係」https://www.nta.go.jp/law/tsutatsu/kihon/shotoku/04/08.htm（最終アクセス2025年1月20日）参照。

第Ⅰ部　法学学習編

的少数の法学者の主張ではあるが，有力な見解を**有力説**，人数的に多くの法学
者が支持している見解を**多数説**，逆に，少数の法学者が支持している見解を**少
数説**といったりします。注意しなければならないのは，通説だから「正しい」
わけではなく，時代によって揺らぎが生じる可能性があることや，少数説だか
らといって価値がないわけではないということです。教科書や資料を読んでい
くうちに，様々な見解に出会うことになりますが，それらの見解を見るときは，
常にその見解が，根拠に基づいて説得的か（＝理論的に正しいか）を検討する必
要があります。

5.4　判例・学説の相互関係

　法解釈を学ぶ上で，判例は，最重要要素といって良いでしょう。判例の理解
なくして，法は語れないといっても過言ではありません。

　では，法学を学ぶ上で，条文と判例さえ理解していればいいのか，というと，
そうではありません。関連する学説も，やはり重要です。ところが，試験対策
を念頭に勉強していると，「条文はこうなっている」「判例はこうだ」と説明さ
れ，「学説ではこういう見解もある」と学説があたかもおまけのように紹介さ
れる場合も少なくありません。ひどい場合には「学者は，判例に文句ばっかり
言っている」などと非難する人もいます。もっとも，法学者は健全な意味で批
判をすることが仕事ですので，批判は常に行いますが，難癖をつけているわけ
ではありません。法の全体を考える上では，個別の事例を離れて，複数の判例
を繋ぎ，判例のない部分を補う理論が必要になってきます。そのための批判を
行っているので，学説を学び，法学者の分析や議論を検討することで，法や判
例を多角的に捉えることができるようになります。

　また，日々，事件を処理している実務家も，法的な主張を組み立てる上では，
より説得的な説明のために「理論的な説明をどうするか」については，学説に
力を借りている場面も多くあります。判例や学説は，常に影響しあって法の発
展に寄与しており，法を深く理解するためには，条文や判例のみならず，学説
を学ぶこともまた重要であることを認識しておきましょう。

第 5 章

判例の読み方

　本章では，法学学習において重要な要素を占める「判例」の読み方について
説明します。まず，裁判制度の概要，そして，判例を読むために必要となる前
提知識を理解しましょう。初めは少々難しく感じられる判例の学習ですが，実
際に生じた事件そのものですので，判例を学ぶことで，法律をよりリアルに感
じることができます。判例の読み方を知り，実践することで，法学学習をより
身近なものにしていきましょう。

① 各種事件と裁判

　判例を読むための前提として，まずは，裁判制度の概要について確認してい
きます。裁判は，大きく分けると，刑事事件（刑事裁判）と民事事件（民事裁
判）に分かれます[1]。「第1章　法の分類」で説明した，刑事法と民事法の区別
に対応します。このうち，刑事裁判は，犯罪を犯した疑いがあり，**検察官**に
よって起訴された**被告人**が，本当に犯罪を犯したかどうかを，証拠に基づき公
開の法廷で審理する裁判のことをいいます。

　他方，民事裁判は，私人間の権利義務関係，身分関係などの争いがある場合
に，法的に紛争を解決する手段として行われる裁判です。必ず，訴える人（原
告）と，訴えられる人（被告）[2]が登場する，**二当事者対立構造**を取ります。

　なお，国や地方公共団体の権力行使に伴う処分について争う裁判は，特に，

---

1) 手続の詳細について，民事裁判については，民事訴訟法の講義で，刑事裁判については，
　刑事訴訟法の講義で解説されます。
2) よく，民事法分野の試験で「被告」と書くべきところ「被告人」と書いてしまう誤答が
　見られますので，くれぐれも注意しましょう。「被告人」は，刑事法分野でのみ登場しま
　す。

61

第Ⅰ部　法学学習編

行政訴訟と呼ばれることがあります。これは，広い意味では民事事件に含まれますが，通常の民事事件と比べると，かなり特殊な性質を持つため，別途，行政事件訴訟法といった，行政訴訟のための手続法が用意されています。なお，行政事件訴訟法は，民事訴訟法との関係で，特別法と位置付けられることになります。

　たとえば，Aが自動車を運転していたところ，Bをはねて大怪我をさせてしまった，という場合，刑事事件では，Aについて，自動車過失運転傷害罪（自動車運転処罰法5条）という犯罪が成立するかが争われ，民事事件では，BがAに対して事故に伴う損害賠償の成否（民法709条，自動車損害賠償保障法3条）が争われることになります。

　さらに，Aは自動車の運転で大事故を起こすと，運転免許の取消しなどの処分を受けることになります（道路交通法103条）。もし，ここでAが「運転免許の取消しという処分は重すぎるから，「運転免許取消処分」を取り消ししてくれ（撤回してくれ）」ということであれば，Aは行政機関である国家公安委員会を相手取って，行政訴訟を提起することができます[3]。

　このほか，事件の性質に合わせて，様々な裁判制度が用意されています。代表的なものとしては，犯罪を犯した少年の処分を決める少年審判や，離婚や相続といった身分関係の紛争を取り扱う家事事件手続，また，司法裁判所以外が実施する裁判[4]もあります。

② 裁判のしくみ

　次に，民事裁判と刑事裁判それぞれについて，これに関わる裁判所の仕組みと，それぞれの裁判の手続の概要について見てみましょう（図5.1，図5.2）。

---

3) 行政事件訴訟法を含め，行政事件に関する内容は，「行政法」の講義で学習することになります。
4) 例えば，公正取引委員会による「審判」などがあります。

62

第5章 判例の読み方

2.1 裁判所と裁判の審級関係

わが国には，最高裁判所を頂点として，4種類の下級裁判所（高等裁判所，地方裁判所，家庭裁判所，簡易裁判所）が設置されています。

そして，わが国の裁判制度は，いわゆる**三審制**をとっており，第一審の裁判の結果に不服がある場合，当事者は，上訴を行うことで，原則として3回まで，

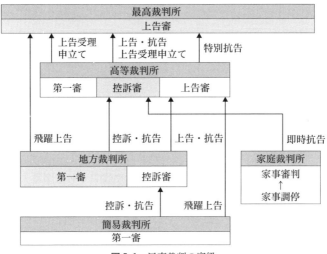

図 5.1　民事裁判の審級

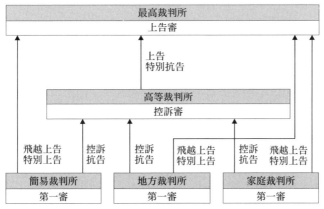

図 5.2　刑事裁判の審級

63

第 I 部　法学学習編

裁判を受けることができるようになっています。基本的には，第二審のことを**控訴審**，第三審のことを**上告審**といいますが，事件の性質や，第一審裁判所がどこになるかによって，細かな違いがあります。

2.2　民事裁判手続の概要

（1）民事裁判の流れ

　民事裁判は，原告が「訴え」を提起することによって開始します。原告は訴状を裁判所に提出し，それを受理した裁判所は，被告に訴状を送達し，第1回口頭弁論期日を指定して，原告・被告の双方に呼出状を送ります。

　他方，訴状を受け取った被告は，訴状に記載された内容を認めるか否かを記した「答弁書」を作成し，裁判所に提出します。その後，第1回口頭弁論が，公開の法廷で行われます。第1回口頭弁論では，原告側の訴状の陳述と被告側の答弁書の陳述，双方の準備書面の陳述が行われます。

　その後，判断に必要な事実関係について当事者間に争いがあり，事実関係や証拠について整理をする必要がある場合には，争点および証拠の整理手続が行われる場合があります。

　これを踏まえて，当事者による主張・立証が積み重ねられ，裁判官が，事実認定に必要と認める場合には，証拠調べが行われます。そして，「裁判をする

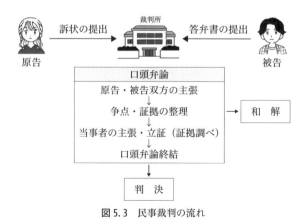

図 5.3　民事裁判の流れ

のに熟したとき」つまり，当事者から，必要な主張・立証が出し尽くされて，事実関係が十分に解明された，と裁判官が判断したときに，口頭弁論は終結され，裁判で認定した事実に法を適用し「判決」や「決定」といった形で，裁判所としての結論を示します。

なお，民事事件の場合は，裁判所の判決が出る前に，当事者同士で折り合いがついて「和解」という形で，紛争が解決する場合も少なくありません。裁判官は訴訟手続中に，当事者間での和解を勧めることもできます（図5.3）。

（2）民事裁判の判決

①第一審

民事裁判において，訴えが最初に提起される裁判所，つまり，第一審の裁判所は，原則として，**地方裁判所**です。ただし，原告が訴えをもって主張する利益を金銭に見積もった額（**訴額**）が140万円以下の場合は，**簡易裁判所**が第一審裁判所になります（裁判所法33条1項1号）。また，家族関係や相続に関する事件（**家事事件**）は，**家庭裁判所**が第一審裁判所になる場合もあります[5]。

地方裁判所や簡易裁判所に事件が持ち込まれると，審理がなされ，最終的に裁判所は，**判決**という形で判断を示すことになりますが，その結論の出され方には，次のような種類があります。

- 訴え却下：事件が裁判に適さない場合（訴訟要件を満たさない）。門前払いの判決[6]。
- 請求認容：原告の「請求」を認める判決。

5）なお，選挙に関する行政訴訟などは，高等裁判所が第一審となる場合もあります。民事事件について，どの裁判所が，どのような事件を取り扱うかという裁判所間の職務の振り分け（これを，職分管轄といいます）について，詳細は民事訴訟法の講義で聴くことになります。

6）訴え却下となる場合は様々ですが例えば，原告が「国家資格に不合格になったのは誤りだから，結果を合格にしてほしい」という訴えを提起しても，このような訴えは，裁判所の裁判に適しないとして，訴え却下の判決がなされた例があります（最判昭和41年2月8日民集20巻2号196頁）。

65

第Ⅰ部　法学学習編

・請求棄却：原告の「請求」を認めない判決。

　なお，原告が1,000万円を請求したところ，裁判所がその請求額よりも低い金額のみを認めて，「被告は原告に800万円支払え。原告のその余の請求を棄却する」という判決を出すことがあり，この場合は，**一部認容判決**といいます。

②控訴審

　第一審の判決が出たものの，原告・被告いずれかに不服がある場合，不服のある当事者は，第二審に**控訴**を提起することができます。控訴審の判決も次のような種類があります。

・控訴却下：控訴の要件が欠けている場合の判決。
・控訴棄却：第一審の判決の結論を正当と認める場合の判決。
・取消自判：第一審の判決を不当と認める場合の判決。

　少々分かり難いですが，第二審以降は，その上訴，つまり，**当事者の不服申立ては正当か否か，という点が判断の対象**となることを理解する必要があります。したがって，控訴棄却の判断は，その不服申立ては正当ではない，すなわち，第一審の判決が妥当である，よって，第一審の判断を維持するという結論になります。

　他方で，当事者の不服申立てが正当だ，ということになれば，第一審の判断（原判決）は維持できない，すなわち，取り消されるべきである，との判断をし，その上で，控訴審裁判所が，自ら裁判をし直し（自判）結論を出す，ということになります。なお，**原判決**という言葉が出てきましたが，これは，目下進行中の裁判から見て一つ前の審級の判決を指します。つまり，控訴審から見ると第一審判決が原判決，上告審から見ると，控訴審の判決が原判決となります[7]。

7）同じように「原裁判」であるとか「原審」という言葉も出てきますが，一つ前の審級の裁判を指し示すことになります。

66

③上告審

　控訴審判決に不服がある当事者は，さらに**上告**をすることができます。ただし，なんでもかんでも上告を行うことができるわけではなく，一定の制約があることには注意が必要です[8]。

　また，第一審・控訴審が，当事者間にいつ・どこで・どんなことがあったかという事実についての判断と，法的な判断いずれもができたのに対して，上告審はもっぱら法律判断しか行うことができません。このような違いから，第一審・控訴審は**事実審**，上告審は**法律審**であるとされています。このような性質の違いから，上告審の判決では，次のような結論が出されることになります。

・上 告 却 下：上告の要件が欠けている場合の判決。
・上 告 棄 却：控訴審の結論を正当と認める場合の判決。
・破 棄 差 戻 し：控訴審の判決を不当と認めた上で，控訴審裁判所に裁判のやり直しを命じる判決。
・破 棄 自 判：控訴審の判決を不当と認めた上で，上告審自らが判断をする場合の判決。

　このうち，上告審が，上告を正当と認める場合は，**破棄差戻し**の判決を出すことが原則となります。これは，上告審が法律審であることと関連しています。つまり，控訴審と上告審とで見解が分かれた場合，上告審としては，上告審の法律判断に基づく結論を出さなければなりません。ところが，上告審には，事実関係を判断する権限がないため，事実関係を判断することのできる控訴審に「差戻し」をして，上告審の法律判断を基礎として，あらためて，事実関係を

---

8) 特に，最高裁判所に上告する場合は，憲法違反や一定の上告理由がなければ上告は認められません。高等裁判所への上告については，これに加えて「判決に影響を及ぼすことが明らかな法令違反」を理由とする上告も可能です。しかし，最高裁判所に対する「判決に影響を及ぼすことが明らかな法令違反」を理由とする不服申立てには，別途，「上告受理の申立て」という手続を取る必要があります。これらのシステムについて，詳細は，民事訴訟法の講義で学習します。

第Ⅰ部　法学学習編

審理しなおせ，という形での結論を出すことになります。差戻しを受けた裁判
所は，**差戻審**として，あらためて事実関係を精査して判決を出すことになりま
す。なお，差戻審に不服がある当事者は，これに対して，再度上告をすること
もできます。

2.3　刑事裁判手続の概要

（1）刑事事件の捜査と公訴提起

①捜査

　刑事事件においては，刑事裁判が行われる前段階として，捜査機関による捜
査が行われます。何らかの犯罪が行われた，と考えられる場合，捜査機関によ
る捜査が行われますが，これは，通常，まず，**警察官**（司法警察職員）が，そ
の役割を担います。

　犯罪を犯したと考えられ，捜査機関の捜査対象者となった人のことを，**被疑
者**（メディアでは容疑者という言葉が使われますが，法律上は「被疑者」が正式な呼称
です）といいますが，場合によっては，捜査機関の請求によって，裁判所から
逮捕状を受けて，被疑者を逮捕し，取り調べが行われることもあります。その
後，捜査の結果を受けて，書類や証拠物とともに，事件を**検察官**に送致（送
検）します。

②検察官による起訴・不起訴の決定と公訴提起

　そして，送致を受けた検察官は，その事件を起訴すべきか否かを判断します。
このとき検察官が勾留請求を行い，裁判所がこれを必要と認めるときは，被疑
者を勾留して取り調べが行われることもあります。そして，検察官が，起訴す
ることが相当である，と考え，裁判所に起訴状を提出し，**公訴**を提起すると，
刑事裁判手続がスタートします。公訴提起を受けると，被疑者は，**被告人**とな
り，刑事裁判で，有罪・無罪や，有罪の場合の量刑の判断を受けることになり
ます。なお，被告人は，この段階では，あくまで犯罪の嫌疑をかけられている
に過ぎないので，仮に勾留されていたとしても，真犯人であるとは限りません。

68

（2）刑事裁判の流れ

　刑事裁判は，まず，公訴の提起から始まります。検察官が裁判所に対して起訴状を提出し，被告人，公訴事実，罪名を特定して，それを提示します。そして，裁判所が「充実した審理を継続的，計画的かつ迅速に行う必要があると認めたとき」には，第1回公判期日前に，検察官および被告人または弁護人の意見を聞いて，事件を**公判前整理手続**に付すことができます。裁判官だけではなく，市民が刑事裁判に参加する，**裁判員裁判**が行われる場合は，必ず，公判前整理手続を経る必要があります。

　公開の法廷（公判）では，まず，冒頭手続の後に，証拠調べの手続が行われます。ここでは，検察側・弁護人側が提出した証拠（書証・物証）を調べたり，証人（人的証拠）の話を聞いたりすることになります。なお，刑事事件では，死刑又は無期若しくは長期3年を超える拘禁刑に当たる事件を審理する場合には，弁護人がなければ開廷できず，裁判長は，職権で弁護人を付さなければならないこととされています。被告人が弁護人を選任できない場合は，国が弁護人を選任する，**国選弁護**の制度も用意されています。

　審理の最後には，弁論手続として，検察官による論告求刑，弁護人の最終弁論，被告人による意見陳述が行われ，裁判は結審し，裁判所が，有罪または無

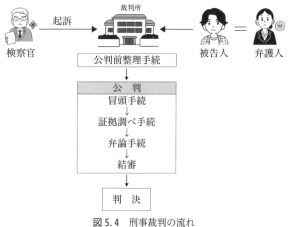

図 5.4　刑事裁判の流れ

第Ⅰ部　法学学習編

罪の判決を言い渡します。また，有罪判決の場合は，具体的な刑の内容が言い渡されることになります（図5.4）。

（3）刑事裁判の判決
①第一審
　刑事事件について，罰金以下の刑にあたる罪などの事件は，原則として**簡易裁判所**が，それ以外の罪については，**地方裁判所**が第一審の裁判所になります[9]。
　刑事裁判では，「有罪判決」または「無罪判決」が出されることになります。また，有罪判決の場合は，「被告人を罰金○○万円に処する」とか「被告人を拘禁○年に処する」といった形で，具体的な刑罰の内容が言い渡されることになります。

②控訴審
　第一審の裁判に不服のある当事者（被告人・検察官）は，高等裁判所に控訴することができます。刑事裁判の控訴審の判決は次のような形になります。

・控 訴 棄 却：第一審の判決に誤りがないとする判決。
・破棄差戻し：第一審の判決に誤りがあるとした上で，証拠調べが必要な場合，事件を第一審に差し戻す判決。
・破 棄 自 判：第一審の判決に誤りがあるとした上で，控訴審の審理で結論が出せる場合の判決。

　刑事裁判においては，原則として，第一審が**事実審**・控訴審は**法律審**となっており，控訴審が第一審判決に誤りがあると判断し，その上で，証拠調べが必要となる場合には，第一審に事件を差し戻すことになります。

9）少年事件については，家庭裁判所が第一審となるほか，内乱罪（刑法77条）など，一定の罪については，高等裁判所が第一審となります。

③上告審

　控訴審の判決に不服のある当事者は，さらに，最高裁に上告することができます。もっとも，刑事裁判においても，上告には一定の制限が設けられています[10]。また，上告審は，法律審のため，原則として，法律問題のみが審理の対象となりますが，刑事裁判については，例外的に事実調査をすることができる場合があります。刑事裁判における上告審判決は次のような種類があります。

・上　告　棄　却：控訴審の結論を正当と認める場合の判決。
・破棄差戻し：控訴審の判決を不当と認めた上で，第一審または控訴審に裁判のやり直しを命じる判決。
・破　棄　自　判：控訴審の判決を不当と認めた上で，上告審の審理で結論が出せる場合の判決。

③　判例の引用表記

　次に，判例の引用表記の方法について見ていきます。いわば，判例の住所・アドレスの表記方法です。

　法令の条文と同様に，重要な法源となる判例は，裁判の判決書の中で言及され，法律の教科書や資料の中で，頻繁に引用表記されます。条文を表記するときに「憲法○条」とか「民法○条」といった形で明示されるのと同様に，判例も引用表記がなされます。この方法にも一定のルールがあります。具体的には，「最判令和２年９月８日民集74巻６号1643頁」であったり，「東京高決平成24年３月９日判時2151号９頁」といったような表記です。それぞれの表記の意味を理解しましょう（表5.1）。

　それぞれ〔例１〕は，最高裁判所が，令和２年９月８日に出した「判決」で，最高裁民事判例集の74巻６号1643頁（ページ）から掲載されている判例，〔例２〕は，東

---

10)　具体的には，控訴審判決が憲法に違反している，憲法解釈に誤りがある，最高裁判所の判例に違反している，といった場合です。

第 I 部　法学学習編

表 5.1　判例・裁判例の出典表記の方法

	(1)	(2)	(3)	(4)
〔例 1〕	最	判	令和 2 年 9 月 8 日	民集74巻 6 号1643頁
〔例 2〕	東京高	決	平成24年 3 月 9 日	判時2151号 9 頁

京高等裁判所が，平成24年 3 月 9 日に出した「決定」で，判例時報の2151号 9
頁 から掲載されている裁判例を意味します[11]。

　教科書等で，このような表記が出てきたら，判例が引用されているんだな，
と思っていただければ結構ですが，その意味内容を，もう少し細かく分析して
いきましょう。

（1）裁判所名
①最高裁判所の表記
　判例を引用表記する場合は，まず，裁判所名を略記します。〔例 1 〕では，
最高裁を，最と表記しています。基本的には，これだけで大丈夫なのですが，
次のような表記も出てくることがあります。

　　・最：最高裁判所一般を示す場合
　　　・最（1 小）：最高裁の第一小法廷
　　　・最（2 小）：最高裁の第二小法廷
　　　・最（3 小）：最高裁の第三小法廷
　　・最大：最高裁判所大法廷

　とりわけ，**最高裁大法廷**は，最高裁に所属する裁判官15人全員で審理が行わ
れ，憲法判断や判例変更といった重大な影響を及ぼす判例であるため，通常の

---

11)「頁」は「ページ」を示す漢字です。しばしば「項」だとか「頁」と間違えて記載する例
　が多く見られるので，注意しましょう。このことについて，コラム③「頁は『ページ』
　です」（129頁）も参照してください。

72

最高裁の判断よりも，重要視されることになります。そのため，引用表記については，特に，**最大**と表記されます[12]。

各小法廷（第一小法廷〜第三小法廷）まで表記されている場合もありますが，教科書等では省略され「最」のみで表記されることが通常です。

②下級審裁判所の表記

最高裁以外の下級審裁判所を表記する場合は，〔例2〕のように，**地方名（支部名）＋裁判所の種類**で表記します。例えば，次のようになります。

・東京高＝東京高等裁判所
・仙台高秋田支＝仙台高等裁判所秋田支部

・大阪地＝大阪地方裁判所
・仙台地気仙沼支＝仙台地方裁判所気仙沼支部

・福岡家＝福岡家庭裁判所
・福島家いわき支＝福島家庭裁判所いわき支部
・山形簡＝山形簡易裁判所

下級審裁判所は，全国に，高等裁判所（本庁8庁，支部6庁），地方裁判所（本庁50庁，支部203庁）家庭裁判所（本庁50庁，支部203庁，出張所77ヶ所），簡易裁判所（438庁）があり，これらのルールにしたがって表記されることになります。

若干特殊なものとして，**知財高**と表記されるものがあります。これは，**知的財産高等裁判所（知財高裁）**の表記方法です。知財高裁は，東京高裁の特別の支部で，知的財産法（特許や著作権）に関する事件を専門に扱う高等裁判所の

12）あくまで，判例の引用表記における「最大」の「大」は「大法廷」の意味で，最大＝Max といった意味はない点は注意してください。最近に出された大法廷判決として，最大判令和2年11月25日民集74巻8号2229頁があります。

第 I 部 法学学習編

支部です。

③日本国憲法施行前の裁判所

　さらに，次のような引用表記が出てくることもあります。これらは，いずれ
も，日本国憲法が施行される前に成立していた裁判所です。今日でも，たまに
見かけることがありますので，知っておくと良いでしょう。

・大＝大審院（≒最高裁）

・大連＝大審院連合部（≒最高裁大法廷）

・控＝控訴院（≒高等裁判所）

・地＝地方裁判所

・区＝区裁判所（≒簡易裁判所）

（2）裁判の種類

　裁判所名の次に，裁判の種類を示します。裁判の種類には，大きく分けると，
判決・決定・命令があります。また，判決については，細かく分けると，**終局
判決**と**中間判決**があります。また，少年審判や家事審判などの**審判**もあります。
それぞれ，次のような表記になります。

・判＝終局判決

・中間判＝中間判決（民訴245条）

・決＝決定

・審＝家事審判／少年審判の審判

（3）裁判年月日

　そして，裁判（判決・決定等）がなされた年月日を示します。この時，西暦
ではなく，元号を使って表示するのが一般的です。

第 5 章　判例の読み方

（4）出典

　そして最後に，判例が掲載されている判例集や判例雑誌の名称と巻号頁です。通常，判例集や雑誌名は，略記されます。この出典の表記は，レポート・論文など，自分の文章で判例を引用するときに忘れられてしまうことがありますが，絶対に書き漏らしてはいけない内容です。というのも，表5.1〔例1〕のうち「最判令和2年9月8日」だけを示したとしても，令和2年の9月8日に最高裁は，自分が探している，あるいは示そうとしている判決以外にも，複数の判決を出していることがよくあります。実際に調べてみると，令和2年9月8日には，少なくとも4件の最高裁判決が出されています。したがって，出典を明示しないと，どの判決・決定を指し示しているのかがわからないということになってしまいますので，注意が必要です。

　なお，判決文が複数ページに渡る場合は，その判決文の掲載が始まる最初のページのページ番号を明示します。したがって，〔例1〕は，民集74巻6号の1643頁から始まる判決を示しているということになります。

①公式判例集

　判例の出典としては，まず，国の発行している，公式判例集があります。数多くのものが発行されていますが，主要なものとしては，表5.2のようなものがあります。

表5.2　公式判例集とその略称表記（一部）

民　集	最高裁判所民事判例集／大審院民事判例集	刑　集	最高裁判所刑事判例集／大審院刑事判例集
高　民	高等裁判所民事判例集	高　刑	高等裁判所刑事判例集
下民集	下級審民事裁判例集	下刑集	下級審刑事裁判例集
家　月	家庭裁判所月報	裁　時	裁判所時報

　もっとも，全ての判例が，公式判例集に掲載されるわけではありません。ただし，公式判例集にも，後述する，民間発行の判例雑誌にも，両方掲載されている場合は，公式判例集の掲載巻号頁を明記するのが慣例となっています。

第Ⅰ部　法学学習編

②民間発行の判例雑誌

　民間の出版社が発行する判例雑誌も出典表記に用いられることがあります。とりわけ，公式判例集には載っていないが，各出版社が重要だとして掲載した判例は，その雑誌にしか掲載されていない場合もあります。多くの判例雑誌が発行されていますが，主要なものとしては，表5.3のようなものがあります。

表 5.3　民間判例雑誌とその略称表記（一部）

判　時	判例時報	金　判	金融・商事判例
判　タ	判例タイムズ	労　判	労働判例
金　法	金融法務事情	新　聞	法律新聞（大審院時代の私的判例雑誌）

③事件番号

　また，次のような表記が付け加えられていることがあります。例えば表5.1〔例1〕では，

　　最（3小）判平成31年（受）第61号令和2年9月8日民集74巻6号1643頁

という形で，(2) 裁判の種類と，(3) 判決年月日の間に，下線部のような記述が加わっていることがあります。これは「平成31年に，上告受理申立て事件として，61番の番号が付された事件」という意味を示します。ちなみに，（受）の部分を**符号**といい，これは事件の種別によって，（あ）とか（ワ）とか（行ツ）などと付されることになります[13]。

　事件番号は，通常，教科書や論文などの資料では省略されますが，判決の原本には記載されますし，判例集に掲載されていない裁判を特定するために表記されることもあります。事件の特定のためには重要な情報ですが，判決年月日

---

13)　符号の内容や記述方法は特に覚える必要性はありません。関心のある方は最高裁のWeb サイトに一覧表がありますので，ご覧ください（裁判所「各判例について」https://www.courts.go.jp/app/picture/hanrei_help.html（最終アクセス2025年1月20日））。

第5章　判例の読み方

や出典がわかる場合は，それで足りることになります。

4　判決文の一般的な構成要素（民事判決の場合）

判決文は，一定の書き方にしたがって作成されます。最初は読みづらく感じられるかもしれませんが，どのような順序で，何が書かれているのかを理解すると，判決文が読みやすくなります。ここでは，民事裁判の判決を例に，判決文の一般的な構成要素を紹介します。

なお，民事裁判の判決の書き方は，平成2年より前と平成2年以降とで，やや大きな変更があります。

4.1　新様式判決（平成2年以降）

最高裁判決
主文
理由
1．事案の概要
2．原審（＝一つ前の裁判）の認定事実
3．争点
4．裁判所の判断
末尾に補足意見・意見・反対意見がつく場合も

第一審・控訴審判決
主文
事実及び理由
一　請求
二　事実の概要
1．争いのない事実
2．争点
三　当裁判所の判断（争点に対する判断）

図5.5　新様式判決の記述順序

平成2年以降に出された判決は，図5.5のような順序で記述がされています。特徴としては，事実の概要が示された上で，争点が明示され，裁判所の判断が示されている点です。そのため，基本的には，前から順番に読んでいけば，事件の経緯や，裁判所の判断が把握できる形式になっています。

4.2　旧様式判決（平成2年より前）

他方で，平成2年より前に出された判決は，図5.6のような順序で記載され

77

第Ⅰ部　法学学習編

旧様式判決
主文
事実
第一　当事者の求めた裁判
一、請求の趣旨
二、請求の趣旨に対する抗弁
第二　当事者の主張
一、請求原因
二、請求原因に対する認否
三、抗弁
四、抗弁に対する認否
（以下、再抗弁、再々抗弁…）
第三　証拠関係　　ここが「裁判所の判断」
理由
末尾に補足意見・意見・反対意見がつく場合も（最高裁判決の場合）

図 5.6　旧様式判決の記述順序

ています。この形式は，論点や争点に対する当事者の主張・立証の過程はわかりやすい特徴がありますが，どのような事件だったかという事実関係を読み解くのが少し難しいという難点があります。特に，最高裁判例の場合は，裁判の結論である「主文」の後に，いきなり「理由」だけ書かれていることもしばしばです。そのため，古い最高裁判決は，最近の判決文に比べると，短い傾向がありますが，それは必ずしも，わかりやすい，理解しやすいということにはつながりません。事件の全体像を把握しようと思うと，原審（一つ前の審級の裁判。たいていは控訴審）をよく読んで，事実関係をあぶり出していく作業が必要になります[14]。

　もっとも，この作業は学習が進まないと難しいため，古い判決を読むときは，とりわけ，学習用の判例集や，判例解説を十分に活用することが有益です。

---

14) なぜ，一見するとわかりにくいとも思えるこのような記述形式が取られていたかというと，この形式が，民事訴訟の構造（証明責任の分配）を重視した判決の記載方法だから，ということができます。これは，民事訴訟法の学習を進めていくと，少しずつ意味が理解できると思われます。

第5章 判例の読み方

4.3 最高裁判所民事判例集（民集）を見てみよう

　以上は，判決文の原本の一般的構成で，実際に裁判の当事者となった場合や，裁判所の Web サイトで公開されている判決文などは，この形で記載されています。もっとも，法学を学習する上では，判例雑誌や，判例データベースの記事を見る機会が多いと思います。ここでは，民集（最高裁民事判例集）をもとに，その見方を見ておきましょう（図5.7）。

○建物根抵当権設定仮登記抹消登記手続請求事件　　平成２９年（受）第４６８号　同30年２月23日第二小法廷判決　棄却	(1)事件の情報
【上告人】控訴人　原告　　**X**　　代理人　　**A**　 【被上告人】被控訴人　被告　　**Y** 【第１審】福岡地方裁判所小倉支部　平成２８年７月２７日判決 【第２審】福岡高等裁判所　平成２８年１１月３０日判決	
○判示事項 抵当権の被担保債権が免責許可の決定の効力を受ける場合における当該抵当権自体の消滅時効	(2)判示事項
○判決要旨 抵当権の被担保債権が免責許可の決定の効力を受ける場合には，民法３９６条は適用されず，債務者及び抵当権設定者に対する関係においても，当該抵当権自体が，同法１６７条２項所定の２０年の消滅時効にかかる。 （補足意見がある。）	(3)判決要旨
【参照】民法１６７条2項　債権又は所有権以外の財産権は，２０年間行使しないときは，消滅する。 民法３９６条　抵当権は，債務者及び抵当権設定者に対しては，その担保する債権と同時でなければ，時効によって消滅しない。 破産法２５３条1項本文　免責許可の決定が確定したときは，破産者は，破産手続による配当を除き，破産債権について，その責任を免れる。	(4)参照条文
○主　　文 本件上告を棄却する。 上告費用は上告人の負担とする。	(5)主文
○理　　由 上告代理人　**A**　の上告受理申立て理由について 　１　原審の適法に確定した事実関係等の概要は，次のとおりである。 　（1）上告人は，平成１３年２月１３日，第１審判決別紙１物件目録記載の建物の上告人持分について，極度額を３００万円，債権の範囲を金銭消費貸借取引，債務者を上告人，根抵当権者を被上告人とする	(6)理由 （法廷意見）

79

第Ⅰ部　法学学習編

根抵当権（以下「本件根抵当権」という。）を設定し，同日，その旨の根抵当権設定仮登記がされた。 　(2)　上告人は，平成13年2月13日，被上告人との間で，金銭消 （中略） することができる時から20年を経過していないことは明らかであるから，上告人の請求には理由がないことになる。 　したがって，上告人の請求を棄却すべきものとした原審の判断は，結論において是認することができる。論旨は採用することができない。 　よって，裁判官全員一致の意見で，主文のとおり判決する。なお，	(6)理由 （法廷意見）
裁判官山本庸幸の補足意見がある。 　裁判官山本庸幸の補足意見は，次のとおりである。 　抵当権の被担保債権が免責許可の決定の効力を受ける場合に民法396条が適用されない理由について，若干の補足をしたい。 　民法396条は，債務者及び抵当権設定者が被担保債権について弁	(7)少数意見

図 5.7　民集（公式判例集）の構成

（1）事件の情報

「○建物根抵当権設定仮登記抹消登記手続請求事件」というタイトルが付けられていますが，これは，民事裁判の場合，訴状に書かれた請求内容が事件名となり，刑事裁判の場合は，起訴状に書かれた罪名が事件名としてつけられることになります。事件の正式名称といった意味はありません。

その下には，事件の符号・番号，そして判決年月日と結論が書かれています。

そして，当事者の情報が書かれています。この事件では，原告Xが，被告Yを訴えています。そして，Xが控訴人・上告人，Yが被控訴人・被上告人となっていますので，端的にいえば，Xは第一審・第二審ともに負けているということも把握できます。Xは第一審判決を不服として，控訴して控訴人となっており，控訴審判決も不服として上告し上告人となっているからです。

さらにその下には，第一審（福岡地方裁判所小倉支部）・第二審（福岡高等裁判所）の情報も掲載されています。

第 5 章　判例の読み方

（2）判示事項

　ここでは，この事件の論点が端的に示されています。

（3）判決要旨

　ここでは，判示事項に記載された論点に対する裁判の結論が記載されています。ここを読めば，判例の内容を大まかに理解することができますが，これらは，判例集の編集段階でつけられたものですので，判例そのものではないことには注意が必要です。

（4）参照条文

　この判決に関する参照条文が掲載されています。

（5）主文

　そして，判決の結論である「主文」が掲載されます。ここからの記載は，「判決文そのもの」ですので，判例を紹介する場合には，これ以後の記述を直接引用することになります。

　本件では，「本件上告を棄却する。上告費用は上告人の負担とする。」との結論が示されているため，X（上告人・控訴人・原告）は，負けてしまったということがわかります。

（6）理由（法廷意見）

　「主文」の結論を導き出した法的判断が示されます。「1　原審の適法に確定した事実関係等の概要は，次のとおりである。」という一文が入っていますが，これに続く文章が，事件の概要を説明する部分になります。これは，最高裁判所が法律審であり，事実認定ができないことに対応しています。だから，「原審（控訴審）が適法に認定した事実関係に基づいて判断すると」という意味で，このような書き出しがなされることになります。

　末尾の方に行くと，「よって，裁判官全員一致の意見で，主文のとおり判決す

81

第 I 部　法学学習編

る。」という記載があります。最高裁の場合，原則として 5 人の裁判官による合議で結論が導かれますが，その多数が支持した法的判断は，**多数意見あるいは法廷意見**と呼ばれます。

（7）少数意見

　これに加えて，最高裁判所の判決文では，裁判官個人の名前で，**少数意見**が付されることがあります。この判決でも「なお，裁判官山本庸幸の補足意見がある。裁判官山本庸幸の補足意見は，次のとおりである。」として，補足意見が付け加えられています。少数意見には，次のような種類があります。

　　・補足意見：多数意見に賛成した裁判官が，これに付加して自分の意見を述
　　　　　　　　べるもの。
　　・意　　見：多数意見の結論には賛成だが，その理由づけが異なる意見。
　　・反対意見：多数意見に結論・理由づけともに反対する意見。

　特に，反対意見がつく場合は，その裁判が一枚岩ではなかったことが明らかとなるので，その後の学説や判例の展開に影響を及ぼす可能性があります。したがって，判例を詳細に検討する上では，必ず参照する必要があります。

⑤　判例（裁判例）の読み方

　判決文の形式的な構成要素と，判例集の記載内容を理解した上で，いよいよ判例を読む段階に入りたいのですが，判例は，それぞれの分野で数多く登場するため，各分野の学習と合わせて行うことが重要です。「せっかくならば，何かの判例を読んでみたい！」と思われた方は，大学等で法学を学んでおられる方であれば，講義で出てきた判例で気になったものを選ぶか，あるいは，ニュースで話題になった判決など，自分が関心を持った判決の判決文を読んでみるのが良いでしょう。判例や裁判例の調べ方は，第 7 章で説明しますので，

第5章　判例の読み方

「早速，判例を読んでみたい」という方は，調べ方を理解した上で，実践して
みましょう。

　また，判決文は，「硬い文章」で書かれているので，何も考えずに順番に読
んでいくだけでは，「いまいちよくわからない」「面白くない」と感じる方も少
なくないと思います。そのため，次のような観点を意識しつつ，自分なりに整
理しながら読む習慣をつけておくと良いでしょう[15]。

5.1　民事判例の場合

　民事判例の場合は，次のようなポイントをチェックしながら読むと良いで
しょう。事件がどのように推移したのか，また，特に，誰が誰に対して，何を
求めているのかを正確に把握することが大切です。

　①**当事者**はだれか。誰（原告）が，誰（被告）を訴えたのか。

　②原告の**請求内容**。原告は，被告に「何」を求めたのか。

　③請求の**法律上の根拠**はなにか。

　④裁判所は，その争いについて，どのような**事実**を認定したか。

　⑤裁判所は，原告の請求に対してどのような**判断**を下したか。

　⑥裁判所がそのような判断を行った**理由付け**はどのようなものか。

5.2　刑事判例の場合

　刑事裁判の場合は，当事者は検察官と被告人で決まっていますので，事件が
どのように推移し，何が犯罪となるか，あるいはならないのかを特に注意しな
がら読むのが良いでしょう。

　①**被告人**は誰か。

---

15) 本節で紹介する判例の読み方のポイントは，青木人志『判例の読み方——シッシー＆
ワッシーと学ぶ』（有斐閣，2017年，33頁，94頁）による整理を参考にしています。なお，
この書籍は，シッシーとワッシーというゆるキャラ（？）が，大学の先生と，民事判
例・刑事判例のそれぞれを読みこなしていく会話スタイルで書かれています。裁判制度
に関する基本的な内容も説明されており，判例学習のスタートに最適です。姉妹書とし
て，同著者による，『法律の学び方——シッシー＆ワッシーと開く法学の扉』（有斐閣，
2020年）もあります。

83

第 I 部　法学学習編

②検察官の主張。検察官は**被告人がどのような行為を行い，それがどのような犯罪になり，どのような刑罰を科すべきだと主張**しているのか。

③検察官の主張の**法律上の根拠**はなにか。

④弁護人はどのような主張をしているか。

⑤裁判所は，被告人がどのような行為を行ったと**事実**を認定したか。

⑥裁判所は，検察官の請求に対してどのような**判断**を下したか。

⑦裁判所がそのような判断を行った**理由付け**はどのようなものか。

6　判例評釈・判例解説を読む

いざ，判決文を目の前にしてみると，「やっぱり難しい！」と感じる場合も少なくありません。その法分野の基本的な理解が十分ではない場合は特にそう感じることが多いでしょう。しかし，そのために，判例を読むのが苦痛になったり，ひいては，法学の学習が嫌になってしまうのはもったいない限りです。そのような事態を防ぐためにも，判例を読もうと思ったときには，判決文そのものや，判例集に掲載された判決文そのもの（これらを特に，**フルテキスト**といいます）にいきなりチャレンジしていくのも決して悪くはないですが，まずは，**判例評釈**や**判例解説**といった文献から読んでいくのがおすすめです。

6.1　判例雑誌の解説記事（匿名コメント）

判例の解説は，民間出版社の発行している判例雑誌に**匿名コメント**という形で掲載されています。『判例タイムズ』や『判例時報』，『金融法務事情』などをみてみると，判例の原文（フルテキスト）と一緒に「解説」として掲載されたり，四角で囲った解説記事が掲載されています。ここでは，この判決が，どのような意義を持っているのか，過去の判例とどのような関係があるのかといった，判決を読む上で有益な情報がまとめられています。これは，民集や刑集といった公式判例集にはない情報のため，もし，読んでみようと思う判例が，公式判例集以外の判例雑誌にも掲載されているのであれば，この解説記事を目

第5章　判例の読み方

当てに，複数の判例雑誌を見ることも有益です。

6.2　判例評釈

　判例を読んだり，学習したりする上で重要な資料が，**判例評釈**です。これは，法学者（研究者・実務家）が，判例の事実関係と，判旨（判決の要旨）を端的にまとめた上で，さらに解説を加えたり，執筆者独自の観点から判例を分析・検討・評価した資料です。事件の内容や，判決の重要なポイントをコンパクトに把握できるだけでなく，その判例の位置付けや，関連学説・関連判例を把握することができる資料です。特に，大学の講義で紹介される判決については，ほぼ例外なく，法学者の書いた判例評釈が公表されているので，まずはそれを参照すると良いでしょう。主要な判例評釈の掲載雑誌については，第7章でまとめて紹介します。

6.3　調査官解説

　広い意味では，判例解説・判例評釈に分類されるものの，特に重要なものとして，**調査官解説**と呼ばれるものがあります。これは，最高裁判決のうちで公式判例集（民集・刑集など）に掲載される判決について，最高裁判所裁判官の事件処理を補佐する**裁判所調査官**が解説をしたものになります。実際にその事件に関与した調査官自身による解説で，判断の過程を詳細に知ることができるため，極めて貴重かつ重要な資料となっています。

⑦　判例報告をやってみよう

　教科書や講義で出会った判例を実際に読んでみると，その事件の詳細を知ることができるほか，解説や評釈を読めば，その判例の意義や位置付けなどの理解も深まります。それだけではなく，判例は，教科書で出てくる仮想事例ではなく「現実に起きた紛争」です。それを踏まえて「自分が当事者だったら」「どちらかの当事者の代理人・弁護人だったら」「裁判官だったら」と想像しつ

第 I 部　法学学習編

つ判例・裁判例を読むと，法律が，よりリアルに感じられるようになると思います。その意味で，判例を読み・学ぶことは，法律の学びをより面白くしてくれる存在といえるでしょう。さらに一歩進めて，この判例の結論や理由づけは妥当なのか，妥当ではないのか，というところまで考えを巡らせれば，その判例を多角的に捉えることができ，一歩も二歩もその判例，そして，関連する条文や法理論の理解を進めることに繋がります。

　このような判例を読むことの効用を踏まえて，大学のゼミや演習では，**判例報告**が課題として課されることがあります。ゼミなどで行われる判例報告では，裁判で争われた事実を丁寧に紹介した上で，どのような争点が争われ，裁判所はそれをどう判断したか，また，学説はその判決をどう評価し，報告者である自分自身はどう考えたかを発表し，教員やその他の聴衆（ゼミメンバー）と議論を行うことになります。

　なお，判例報告に際しては，報告資料の作成も求められますが，紙媒体のレジュメであれ，Powerpoint や keynote などのスライド資料であれ，一般に，次のような内容を盛り込んで，報告・発表することが求められます。

・タイトル／判例（裁判例）の出典表記
・問題の所在：争点など検討する課題の前提となる基礎知識の提供。
・事実の概要：事件の概要の説明。判決の「事実の概要」をコピペするのではなく，事件の流れ（時系列）や当事者関係の図などを使って，わかり易く説明する。
・法律上の争点：具体的に何法の何条の文言解釈が問題になったか，過去の判例との関係で何が問題となったのか等。
・当事者の主張：裁判になっている＝主張に食い違いがあるので，その対立点を明確に示す。
・裁判所の判断：第一審・控訴審・上告審それぞれの判断を明示する。とくに上告審の判断は「　」で引用するなど，適切に抜粋しつつ，ポイントを明示する。

第5章 判例の読み方

・学説・関連判例：問題となっている争点に関する学説や，対象判例そのものに対する評価，過去の先例等の紹介。対象判例とこれらがどう位置付けられるのかを意識してまとめる。
・私見：裁判所の判断が妥当か否かを，自分で判断し，自分の言葉で説明する。

　判例報告は，学生だけではなく，プロの研究者同士の研究会でも頻繁に行われています。そして，とある研究会での判例報告が文章となり，最終的に，とある雑誌の「判例評釈」として公表されている，ということも少なくありません。つまり，「判例報告がうまくできれば，判例評釈を書くことができる」といっても過言ではありませんし，学生にとっては身近なレポート，とりわけ，判例を検討するタイプの「判例研究型レポート」（第8章参照）の作成も，できるようになっていきます。ぜひ，判例報告の機会を十分に活用してください。

87

第6章
法学学習の進め方と文献の調べ方

　条文の読み方や判例の読み方を理解した上で，法学学習の進め方について説明します。基本は各分野の「教科書」を読むことがスタートラインになりますが，学習を進める上では，様々な法情報に適切にアクセスできるようにすることが重要です。本章では，法学学習の進め方と，法令および法学文献の調べ方について説明します。

1　法学の文献と向き合う
——法学学習のホームグラウンド——

　法学学習において，法律の条文は最も重要です。とはいえ，六法を眺めているだけでは，法制度の内容は，絶対に理解できません。また，六法のみを持って行って，大学の講義を聴いているだけでも，理解を深めることは困難でしょう。最近は，大学の先生も講義に際して丁寧なレジュメを配布してくれる場合が増えてきていますが，それでもなお，基本的には，教科書などの法学文献を併読することを前提に，講義が作られていることが多いように思います。

　法学学習のスタートラインは，大学で法学を勉強するのであれば，教員の指定した教科書や参考書を読み進めることになります。特に最近の教科書は，初学者や学生のために，非常にわかりやすく書かれている印象です[1]。初めは難しく感じるかもしれませんが，諦めず・焦らずにしっかり読んでいけば，一定

---

1) 筆者自身が学部生だったころは，法律の教科書といえば，その分野の大家の書かれたハードカバーの書籍というのがまだまだ一般的で，（失礼ながら）お世辞にも「初学者向け」ではなかったように思います。今，改めて読んでみると，理解できたり，勉強になることはたくさんありますが，初めからハードな道を進むのではなく，まずは，初学者向け，学生フレンドリーな教科書を読んで，法学を楽しんでもらうことも大切だと思います。

第6章　法学学習の進め方と文献の調べ方

水準の理解には達することができると思います。

　ただし，中学・高校までの教科書のように，指定された教科書を何が何でも使わなければならないわけではなく，大学の法学の講義においては，指定された教科書が自分に合わない場合は，他の著者の同分野の教科書を選んで読むという選択をとることもできます。

　例えば，法学部の方であれば「民法総則」という科目をほぼ例外なく履修すると思いますが，これは，一般的には，民法の総則部分（民法1条から174条）の解説をする科目です。そして，『民法総則』とタイトルの付いた書籍をインターネットで検索してみると，数えきれないほど多くの書籍が公刊されていることがわかります。これらの書籍は基本的には，民法の総則部分を解説したものですから，講義で説明される対象と同じ内容を説明していることになります。そうであれば，教員から指定された教科書を読んでいても，なんだかしっくりこないということであれば，別の著者の書いた『民法総則』の書籍を，自分の教科書として使っても，基本的には問題ないということになります。

　もっとも，大学の講義で指定されている教科書は，説明の順序など，講義の便宜のために指定されている場合が多いため，指定された教科書以外のものを使いたい場合，その点は注意しなければなりません。ただ，自分に合わない教科書を読み続けるぐらいであれば，その科目で「参考書」として挙げられている書籍を読んでみたり，大学の図書館でいくつか本を見比べてみたり，場合によっては，担当教員に別の教科書を紹介してもらうなど，自分がその分野を理解する上で最適な教科書に出会えるよう工夫することも，時には必要になります[2]。

　また，指定された教科書では，情報が足りないという場合もあります。とりわけ，法曹志望者や，難関資格の取得を目指す人，ゼミでの発表・報告を作成する場合や，レポート・論文に取り組む際は，より詳細な説明が書かれた，いわば，分厚い書籍の参照が必要になります。ただし，このような分厚い書籍は

---

　2) 大きな書店の法律書コーナーで立ち読みしてみるのも悪くはないでしょう。ただし，一般の書店では，必ずしも法律の専門家でない人が書いた書籍なども混ざっていることがあり，注意が必要です。一般論として，教科書として使うのであれば，大学所属の当該分野の専門家（研究者）が書いた書籍を選ぶのが安心です。

89

第 I 部　法学学習編

高価で，なかなか手元に置いておくのは難しいでしょう。その場合は，大学図書館をフル活用して，必要な書籍を参照することになります。

　法学学習においては，学ぶ分野について，自分に合った教科書を手元に置いた上で，それに加えて様々な資料を読むことになります。これらの資料にアクセスできるように，法学の文献にはどのような種類があるのか，そして，それらの資料にアクセスするために，大学図書館の使い方を理解しておく必要があります。

② 法情報を検索することの重要性

　また，法学のもう一つの基本は「調べる」ことです。法律を学ぶ上で法情報を調べることを，特に「リーガル・リサーチ」といいますが，このリーガルリサーチの技術は，法学を学習する上で最も重要といっても過言ではありません。法律を「使う」ということを考えたときに，何らかの問題やトラブルを解決する上で，その根拠となる条文や判例，学説を調べることは極めて重要です。逆に，これらの根拠や議論の蓄積を無視して，法律について議論することは，ただの暴論になりかねないともいえます。法学は，ゼロから何かを生み出したり，誰も考えつかないようなアイディアを思いついたりすることが求められる場合は多くありません。その分，きちんと調べることを身につければ，着実に力をつけていくことができる学問だといえるでしょう。

　法学を学ぶ上で，調べることが重要だということを念頭に，教科書を見たり，ちょっと資料を探せばわかることについては，自分で調べる癖をつけることが重要です。その際，信頼に足る情報源から適切に情報を引き出すことができるようにしておく必要があります。

③ 法令・判例・文献の相互関係

　リーガルリサーチの際，参照すべき資料には，法令・判例・文献があります。

この3つの資料を縦横無尽に行き来しながら，調査を進めていくことが大切になります。この法令・判例・文献の相互関係については，図6.1を参照してください。

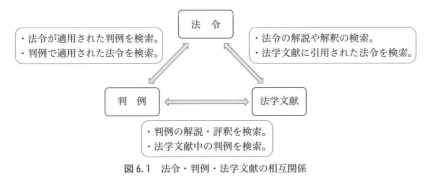

図 6.1 法令・判例・法学文献の相互関係

4 法令の調べ方

まずは，法令の調べ方について説明します。法学を学習する上では，現在，施行されている法令を検索することが多いですが，場合によっては，廃止された旧法令を調べる必要性が出てくることもあります。

4.1 現行法令
（1）学習用六法——ポケット六法・デイリー六法

法律を学ぶ上で最も参照することになるのは，現在施行されている「現行法令」です。現行法令を調べる上で，最も利用しやすいのは，学習用六法です。具体的には，『ポケット六法』（有斐閣），『デイリー六法』（三省堂）があります。これらの学習用六法は，法学の講義から日常・実務において必要な基本法令が十分に収録されており，法学に触れることになった以上，必ず1冊は手元に置いておきたいものです。

学習用六法の優れた点は，条文だけではなく，関連する条文や索引，法改正の情報など，学習に必要な情報が詰め込まれているという点です。これらの情

第 I 部　法学学習編

報は，後に説明する Web サービス等では必ずしも十分に見ることができないため，学習用六法はこの点において非常に有益な資料となります。

　学習用六法は，法学部生であれば，まず，例外なく購入することが求められていると思いますが，多くの場合，試験に持ち込み可能です。普段から学習する際に，辞書のように六法で条文を引きながら学習していれば，試験の時もそれを使って問題を解くことができますので，六法を使い慣れておくことは，試験対策としても重要です。

　六法は毎年，年度版が発売されます。しばしば学生から「新しい六法は買ったほうがいいか」という相談を受けますが，必ず，最新版のものを購入し，使用してください。とりわけ最近は，民法や刑法，民事訴訟法などの基本法令の法改正も頻繁に行われており，1 年前の六法が使い物にならないということも珍しくありません。法学を学習する上で，必要不可欠な投資です。

　ちなみに，ポケット六法・デイリー六法，どちらが良いかについては，ほぼ好みの問題になりますので，好きな方を選べば良いでしょう[3]。

　なお，「国際法」を学ぶ上では，『国際条約集』（有斐閣）が必携となります。

（2）判例付き六法

　現行法令に加えて，各条文に関連する判例のエッセンスを載せている，判例付きの六法もあります。学習者向けのものとしては，『有斐閣判例六法』（有斐閣），法曹志望者や，実務向けのものとしては，『有斐閣判例六法 Professional』（有斐閣），『模範六法』（三省堂）があります。

　このうち『有斐閣判例六法』は，学習用の判例付き六法として手に取りやすく，法科大学院や公務員，法律系資格の取得を目指す人にとっては有益です。条文と判例が色分けされており見やすいほか，有斐閣の発行する『判例百選』

3）ちなみに，筆者は，学部生時代は，文字の見やすさや，書籍の角が辞書のように面取りしてあることなど，デザイン面で，『デイリー六法』派でしたが，大学院生になってから，研究の都合上，比較すると，会社更生法の条文が必要十分に掲載されている『ポケット六法』に乗り換えました。もっとも，今では，Web サービスやアプリなども併用しているため，いずれを選んだとしても，大きな不便はないと感じています。

シリーズ（後述）へのリファレンスもついているので，気になった判例について判例百選の記事があれば，すぐに解説記事にアクセスできるので便利です。もっとも，判例付き六法は，一般に，試験に持ち込むことはできません。したがって，もっぱら自学自習用の六法として利用することになるでしょう。

『有斐閣判例六法 Professional』，『模範六法』は，いずれも大型の六法で，学習者にとっては少々オーバースペックになる可能性があります。ただ，いずれについても，スマホ・タブレット用の有料アプリがあり，これが非常に便利です。とりわけ『模範六法』をアプリとして提供する『六法 by 物書堂[4]』のアプリは，iOS 向けですが，非常に利用しやすく有益です[5]。

（3）大型六法・専門六法

大型の六法としては，『六法全書』（有斐閣）があり，一般的な書店で購入できる六法としては，最も収録法令が多いものです。もっとも，学習を始めた段階では，ここまで大型のものは必要ありません。必要であれば，図書館で参照すれば足りるでしょう。ちなみに「全書」という名前はついているものの，現行法令全てが掲載されているわけではなく，ごく一部の重要法令が厳選されて，まとめられています。

また，専門分野に特化した六法も発行されており，例えば，教育関係法令や重要資料を収録した『教育小六法』（学陽書房），税務関係の法令・通達を収録した『税務六法』（ぎょうせい），倒産・事業再生に関わる実務家向けの『コンパクト倒産・再生再編六法』（民事法研究会），社会福祉関係を中心に労働・消費生活関係法を収録した『ミネルヴァ社会福祉六法』（ミネルヴァ書房）などもあります。これらは，その職業に就いてから，参照する機会があるかもしれません。

---

4) 物書堂「六法 by 物書堂」https://www.monokakido.jp/ja/statute/moroku/（最終アクセス2025年1月20日）。

5) なお，物書堂は，辞書アプリを中心に展開しており，かつて筆者は，同社の辞書を利用することを目的として iPad を購入しました。今では，辞書・六法ともに，物書堂アプリのお世話になっています。六法については，発売直後にセールを実施してくれるので，学生の方でも，購入しやすいと思います。

第 I 部　法学学習編

（4）e-Gov 法令検索[6]

　インターネットを通じて法令検索が行える Web サイトとしては，**e-Gov
法令検索**が重要です。これは，政府が運営するポータルサイトで，無料で利用
できます。現在施行されている，ほぼ全ての法令（憲法，法律，政令，勅令，府
令，省令，規則）を検索することができ，政府の運営するサイトのため，一次
資料として利用可能です。法令の条文を見るだけであれば，これだけで十分と
もいえます。

　ただ，法学を学習する上で，特に，基本的な法律を学ぶ際には，何度も同じ
条文を見返すことになりますし，その条文だけでなく，関連条文や，法改正の
状況なども把握しやすいことや，複数の法律の条文を見比べる上で使いやすい
ことなどを踏まえると，学習用六法は必ず 1 冊手元に置いた上で，補助的に
e-gov を利用すると良いでしょう[7]。

4.2　旧法令（廃止・改正された法令）

　法学学習を進めていくと，現行法令だけでなく，過去の法令（旧法令）を参
照しなければならない場合があります。特に，レポートや論文を作成している
ときに，法律の歴史や変化などを検討材料にする場合は，しばしば旧法令を調
べる必要があります。

　このような場合，「日本法令索引」[8]（国立国会図書館）というデータベースを利
用することで調べることができます。無料で利用でき，現行法令の e-gov への
リンクや，改正の沿革，国会における審議過程の情報などがまとめられています。
また，名古屋大学の研究プロジェクトが作成した，「日本研究のための歴史情
報・法令データベース」[9]もシンプルな構成で旧法令を調べることができます。

6）e-Gov 法令検索（https://elaws.e-gov.go.jp/）（最終アクセス2025年 1 月20日）。
7）経験的にいって，六法を持たずに法学の講義を受けている学生は，学部にかかわらず，
　　総じて成績が芳しくありません。かつて学部生だった頃「法学部の学生は，弁当忘れて
　　も六法忘れるな」などと言われたことがありましたが，あの箴言はあながち間違ってい
　　ないような気がしています。
8）日本法令索引（http://hourei.ndl.go.jp/SearchSys/index.jsp）（最終アクセス2025年
　　1 月20日）。

94

第6章　法学学習の進め方と文献の調べ方

このほか，有料の法令・判例データベースのうち，たとえば，代表的なものとしては「Super 法令 Web」（ぎょうせい）といったものがあり，これを利用すると，過去に有効だった条文やその改正履歴などの情報を検索できます。大学図書館が有料契約を結んでいる場合がありますので，その場合はぜひ利用してみてください。

また，実務上や学習上，特に重要な法令については，改正前の法令を収録した書籍として，江頭憲治郎ほか編『旧法令集──平成改正版』（有斐閣，2012年）もあります。これも，図書館に所蔵されていることが多いです。

⑤　法学文献の調べ方

次に，法学文献の調べ方について説明します。いわゆる教科書をはじめ，法学学習をする上では，中心的な資料となります。

5.1　法学文献の種類

（1）著書（体系書・教科書など）

法学学習を進める上で，まず，読むことになるのが本（書籍）です。そのうち最も身近になるのは，各法分野の**教科書**です。法学の教科書は，大学に所属する研究者や実務家などが，講義で使用することを想定して作った書籍です。一人の著者による場合もあれば，複数の著者が各章を分担して執筆したものもあります。基本的には，学生が読むことを前提としているので，重要な点に絞って解説が書かれている場合がほとんどです。また，各出版社が「シリーズ」として出版している場合もあります。初学者向けシリーズやロースクール向けのシリーズなど，各出版社がある程度，読者のターゲットを想定して作っているので，自分の目的に合わせて選択することができます。どういった読者を想定しているかは，出版社の Web サイトや，各書籍の「はしがき」を参照

9）日本研究のための歴史情報・法令データベース（名古屋大学）（https://jahis.law.nagoya-u.ac.jp/lawdb/）（最終アクセス2025年1月20日）。

第Ⅰ部　法学学習編

すると把握できます。

　また，**体系書**と呼ばれる書籍もあります。厳密な定義があるわけではないですが，一人または少人数の研究者によって書かれた研究書のことを指し，教科書に比べて，分厚い（ページ数の多い）書籍です。もっとも，当初は「教科書」として出版されたものが，改訂を重ねるうちに「体系書」へと進化しているものも少なくありません。体系書は，初学者が通読しようとすると挫折することが多いので，わからないことや，詳しく知りたいことが出てきた時の「辞書」のように利用することが望ましいでしょう。

（2）法律用語辞典

　法学文献を読む際に，法律用語辞典を手元に置いておくと便利です。最近の教科書では，難解な法律用語や概念について，しっかりと定義を書いてくれているものがほとんどですが，教科書や体系書を読んでいるときに，理解しづらい法律用語が出てきたり，明確にその定義が示されていない場合もあります。その場合は，法律用語専門の辞書を引いてみるのも良いでしょう。『有斐閣法律用語辞典』（有斐閣）や，『法律学小辞典』（有斐閣）が定評ある辞書です。「わからない用語が出てきた時は，インターネットで検索する」というのが最近のトレンドですが，特殊性・専門性が高く，また，理解が曖昧だと痛い目をみる法学の学習では，やはり，信頼のおける辞書や辞典を紐解くことが，結果的に効率的な場合がほとんどです。

（3）コンメンタール・注釈書

　ゼミ等で研究報告をしたり，論文・レポートを作成する際に有益な書籍が，**コンメンタール**[10]や**注釈書**と呼ばれる書籍です。これらの書籍は，各法令の条文1つずつについて，条文の趣旨や内容の解説，関連判例・学説をまとめた書

10）コンメンタールとは，ドイツ語の「Kommentar」に由来します。「Kommentar」は，注釈［書］，注解，解説，論評，コメント，のことを指しますが，法学では，伝統的に「コンメンタール」と呼ぶことが多いです。

96

籍で，ある条文についての網羅的な情報を得たいときには，まず参照すべき資料です。『○○法コンメンタール』，『注釈○○法』，『注解○○法』，『条解○○法』といった名称が付けられています。

　法学学習者向けのものとしては，『新基本法コンメンタール○○法』（日本評論社）シリーズがあります。また，『条解○○法』（弘文堂）シリーズ，は研究・実務いずれにおいても参照頻度が高い書籍ですので，学生であっても，必ず見るべきコンメンタールだといえるでしょう。もっとも，コンメンタールは，高額書籍ですので，基本的には，大学図書館に所蔵されているものを参照することになります。

（4）論文——書籍に所収された論文

　法学学習が進んでくると，さまざまな学説に触れることになります。論文は，研究者や実務家による研究成果で，その主要な読者は，他の研究者ですので，必ずしも学生にとっては読みやすいものばかりではありません。ただ，法学者個人の「学説」を詳細に知ろうと思ったときには，その原典の論文を読むことが必要になります[11]。

　法学の論文には，さまざまなスタイルがあり，外国法との比較研究，学説研究，歴史研究，実証研究などがあります。卒業論文が課せられている学生は，法学者の書いた論文を見て，どのような研究スタイルがあるのかも把握しておくと，将来，役に立つと思います。

①論文集・研究書

　法学論文の掲載媒体はさまざまです。書籍になっているものとしては，特定のテーマを表題に掲げ，複数の法学者の論文を集めている論文集や研究書という形で出版される場合のほか，一人の法学者の研究業績や博士論文を1冊の書

---

11) 教科書や体系書でも，主要な学説はコンパクトにまとめて紹介されていますが，詳細な内容は，やはり原典にあたるのが一番です。そこから思いがけない発見があるかもしれないので，ぜひ，論文を読んでみてください。

97

第Ⅰ部　法学学習編

籍にまとめた研究書（しばしば，モノグラフといわれます）などがあります。

②記念論文集

　また，**記念論文集**と呼ばれる論文集があります。日本の法学界では，有力な法学者が，60歳（還暦）や，70歳（古稀），あるいは80歳（傘寿）を迎えた際に，そのお祝いのため，指導を受けた研究者や実務家が執筆した論文を集めて論文集として献呈するという伝統があり，この際に作られるものが，記念論文集です[12]。「○○先生古稀記念」といった副題がつけられています。記念論文集は，その時々の最新の論点が検討されていることが多く，卒業論文などに取り組む際には，その「ネタ探し」のためにも，参照価値の高い論文集です。

（5）論文——雑誌掲載論文
①法律雑誌

　書籍の形で公表される論文以外には，いわゆる，**法律雑誌**に掲載される論文があります。法律雑誌は，多くの出版社が発行していますが，主要なものとしては，以下のようなものがあります。

・法学教室（有斐閣）

・法学セミナー（日本評論社）

・ジュリスト（有斐閣）

・民商法雑誌（有斐閣）

・NBL（商事法務）

・判例時報（判例時報）

・法律時報（日本評論社）

・判例タイムズ（判例タイムズ）

・金融法務事情（きんざい）

・法律のひろば（ぎょうせい）

---

12) 惜しくも，亡くなられた研究者を偲んで「追悼論文集」が発行されることもあります。

第6章　法学学習の進め方と文献の調べ方

・刑事法ジャーナル（成文堂）

・警察学論集（立花書房）

このうち，『法学教室』（有斐閣），『法学セミナー』（日本評論社）は，学生向けの雑誌で，最近のトピックを扱った記事や，学習の過程で出てくる論点に関する論文が掲載されます。また，連載記事もあり，これは最終的に「教科書」としてまとめられることもしばしばです。法曹志望など熱心な学生の中には定期購読する人もいます。

その他の法律雑誌は，基本的には，研究者や実務家向けのものですが，学習が進むにつれて，参照する機会が増えてくると思われます。

②学会誌

学会誌は，各法分野の「学会」が取りまとめている論文集で，学会大会の記録に加えて，論文が掲載されている場合も多くみられます。例えば，憲法や行政法の学会である「日本公法学会」の発行する『公法研究』，刑法の学会である「日本刑法学会」の発行する『刑法雑誌』，民法や商法の学会である「日本私法学会」が発行する『私法』，民事訴訟法の学会である「日本民事訴訟法学会」が発行する『民事訴訟雑誌』などがあります。

③大学紀要

各大学の発行する**大学紀要**は，その大学に所属する研究者が論文を投稿する雑誌です。論文集や法律雑誌は，基本的には，編者や出版社からのオファーがないと論文を掲載することはできませんが，大学紀要は，原則，研究者自らが研究成果を自由に投稿することができます。場合によっては，大学院生が研究成果を掲載している場合もあります。論文や判例評釈，翻訳や，研究途中の成果（研究ノートと呼ばれます）など，様々なものが掲載されています。

法学部をはじめ，法学系の学部・学科のある大学であれば，たいていの場合『○○大学法学』とか『法学研究（○○大学)』といった形で大学紀要を発行し

99

第Ⅰ部　法学学習編

ています。なかでも，『法学協会雑誌』（東京大学）や『法学論叢』（京都大学）
は，伝統ある大学紀要です。

（6）判例評釈・判例解説
　判例評釈は，裁判所の判断について，その結論や理論構成について法学者が
評価・解説したものです（第5章参照）。主要な判例評釈専門の雑誌としては，
次のようなものがあります。もっとも，判例評釈は，前述の論文集や法学雑誌，
大学紀要などにも掲載されることがあります。

①判例評釈専門の雑誌
　広い意味では，法律雑誌の一種ですが，とくに判例評釈のみを集めた特集号
として刊行される雑誌があります。代表的なものとして次のようなものがあり
ます。

　　・『判例百選』（別冊ジュリスト・有斐閣）
　　・『○○年度重要判例解説』（ジュリスト臨時増刊・有斐閣）
　　・『私法判例リマークス』（法律時報別冊・日本評論社）
　　・『新・判例解説 Watch』（法学セミナー増刊・日本評論社）
　　・『金融判例研究』（金融法務事情特集号・きんざい）

　中でも『判例百選』のシリーズは，学習上重要な判例について，事実・判
旨・解説が原則見開き2ページというコンパクトな形式にまとめられており，
判例学習には欠かせない資料となっています。大学の講義では教科書や参考書
として指定されることも少なくありません。また，法曹志望者は，関係する法
律の判例百選は，購入して手元に置いておくと便利でしょう。

②調査官解説
　また，判例評釈の中でも，やや異なる取り扱いをされる**調査官解説**（第5章

100

第6章 法学学習の進め方と文献の調べ方

参照）は，『ジュリスト』（有斐閣）の「時の判例」コーナーに掲載されたのち，『法曹時報（曹時）』（法曹会）という雑誌に掲載されます。そして，法曹時報の解説が1年分まとめられて『最高裁判所判例解説・○○篇・○○年度』という形で書籍として発行されます。

5.2 法学文献の探し方

　法学文献のうち，書籍の検索は，一般的な図書の検索と同様です。購入したい場合は，大型の書店やオンライン書店を利用して購入できます。ただ，法学文献は，学習用の教科書をのぞいて一般的に高額で，全てを手元に置いておくことは不可能です。そうなると，図書館で借りたり，資料を閲読したりすることが現実的です。もっとも，法学文献は，自治体の図書館に所蔵されているケースが少ないか，あるいは所蔵されていても，古いものしかないという場合が少なくありません。したがって，法学文献を探す場合は，**大学図書館**の利用が最適です（大学図書館の使い方については，第13章で詳しく説明します）。

　他方，論文，判例・裁判例および判例評釈・判例解説の検索は，データベースを利用する方法が有益です。これらについては，次の章で詳しく説明します。

● コラム② ●　　　「インターネットを見ているより，本を読んだ方が早い」

　これは，ある学生が，ゼミでの発表準備をしていた際に発したひとことです。法学分野での調査の特徴について，極めて端的に表現されているものだと感じます。通常，google 検索などで引っかかってくる情報は，「当たらずとも遠からず」の情報が多かったり，真偽不明の情報がまじり込みがちです。そのような情報に惑わされるぐらいなら，さっさと本から情報を取得したほうがむしろ効率的です。

　また，ここまで見てきたように，法学の資料は，書籍や雑誌など，いわゆる「紙媒体」のものに掲載されているものが大半です。政治学や経済学など，同じ社会科学系の分野に属する学問の資料は，電子ジャーナルといった形で，インターネット上に公表されるものが増えていますが，法学の主要な資料は，依然として，紙媒体です。そうなると，後述するデータベースなどはもちろん活用しつつも，資料そのものは，結局，紙媒体を見ることになるわけで，そうであるならばパソコンの前に座っているより，図書館で，本や雑誌を見た方が，早いといえるでしょう。

101

第7章
論文／判例・裁判例の調べ方

　本章では，法学文献のうち，論文や判例・裁判例の調べ方について説明します。今日，これらの資料を調べる場合は，インターネット上のデータベースを利用するのが便利です。

① データベースの活用とアナログ調査の併用

　法学の論文や，判例・裁判例の検索には，専門の「データベース」の利用が便利です。普段調べ物をするときに親しんでいる検索サイト（Google やYahoo! など）でも，ある程度はこれらの情報を得ることができます。ただ，データベースは，それ専門の情報に特化しているため，効率的に調べることができます。

　他方で，法学は，資料の電子化が他の学問分野に比べて進んでいないという特徴もあります。学問分野によっては，もっぱらデータベースを中心に，インターネット上に公開されている論文を収集することで十分であるという分野も少なくないようですが，法学は，紙媒体（書籍・雑誌）の資料が中心です。そのため，データベースでは拾いきれない情報もあり，それを踏まえると，ある文献を見つけたら，その文献に引用されている文献をさらに調べていく，という「芋づる式調査」が，依然として有用です。法学学習では，デジタルとアナログを組み合わせた調査が，効果的かつ効率的だといえます。

② 論文の検索

　法学文献のうち，論文集や研究書など書籍に含まれている論文の検索をする

第7章 論文／判例・裁判例の調べ方

場合には，NDL SEARCH[1]（図7.1）と，CiNii Books（図7.2）を，そして，雑誌や大学紀要に掲載された論文を検索する際には，CiNii Research[2]（図7.3）を活用すると良いでしょう。いずれも無料で利用できます。これらの利用方法について，見ていきましょう。

2.1 書籍に所収されている論文を調べる

　書籍（本）に所収されている論文の情報を得たい場合は，国立国会図書館の運営する，NDL SEARCH の活用が便利です。一般的な検索サイトと同様に，検索ワードを入力することで，ヒットした資料について，全国の図書館や国立国会図書館の所蔵状況，販売書店の情報，書誌情報，関連資料などを調べることができます。

　特に，記念論文集や研究書は，複数の著者が，別のテーマで論文を執筆し，それが集められて1冊の書籍になっているため，実際の本の目次などを見ないと，本来どのような論文が所収されているかを把握することはできません。

　しかし，多くの場合，NDL SEARCH では，「詳細情報」や「目次情報」まで登録されているため，ここから，書籍に所収されている論文を知ることができます。読みたい論文資料が見つかったら，その書籍の現物を図書館で参照しましょう。なお，NDL SEARCH では，地域の図書館の所蔵状況も分かります。

　また，CiNii Books[3]（図7.2）というデータベースを使えば，全国の大学図書館の所蔵状況も調べることができます。NDL SEARCH で「書籍」を調べ，CiNii Books で所蔵を調べたら，所蔵図書館に行けば，書籍の現物を見ることができます。もちろん，NDL SEARCH で調べた後，直接，自分の通う大学の図書館の OPAC で調べてもいいでしょう。

---

1) NDL SEARCH（国立国会図書館サーチ）(https://ndlsearch.ndl.go.jp/)（最終アクセス2025年1月20日）。
2) CiNii Research (https://cir.nii.ac.jp/)（最終アクセス2025年1月20日）。ちなみに，CiNii は「サイニィ」と読みます。
3) CiNii Books (https://ci.nii.ac.jp/books/)（最終アクセス2025年1月20日）。

第Ⅰ部　法学学習編

図7.1　NDL SEARCH のトップページ

出典：国立国会図書館ウェブサイト「国立国会図書館 SEARCH」（https://ndlsearch.ndl.go.jp/（最終アクセス2025年1月20日））。

図7.2　CiNii Books のトップページ

出典：CiNii Books ウェブサイト（https://ci.nii.ac.jp/books/）（最終アクセス2025年1月20日）。

2.2　雑誌・大学紀要に掲載された論文を検索する

　書籍ではなく，法律雑誌や大学紀要に掲載されている論文を検索したいときは，CiNii Research（図7.3）を利用します。こちらも，一般的な検索サイトと同様に，検索したいキーワードを入力すると，関連する論文の書誌情報を出力してくれます。なお，書籍の書誌情報も取得できますが，書籍については，

第7章　論文／判例・裁判例の調べ方

図7.3　CiNii Research のトップページ
出典：CiNii Research ウェブサイト（https://cir.nii.ac.jp/）（最終アクセス2025年1月20日）。

先にご紹介した NDL SEARCH の方が，現状，情報が充実しています。

基本的には，CiNii Research でヒットした結果から，**収録刊行物**を確認して，図書館で取得する，ということになります。

また，CiNii Research は，各大学が運営している，紀要のデータベースとも連携しており，検索結果に**機関リポジトリ**というボタンが表示されていれば，直接，インターネットから論文をダウンロードすることもできます。

3　判例・裁判例の検索

判例・裁判例の検索も，やはりデータベースが便利です。主要な判例の検索データベースとしては，下記のものがあります。

・裁判所・判例検索システム[4]
・D1-law.com（第一法規）
・LEX/DB インターネット（TKC）

4）裁判所判例検索システム（https://www.courts.go.jp/app/hanrei_jp/search1）（最終アクセス2025年1月20日）。

105

第Ⅰ部　法学学習編

・判例秘書（LIC）
・Westlaw Japan（ウエストロージャパン）

　このうち，裁判所の運営するものは無料で利用できます。もっとも，掲載されている判例・裁判例の数は必ずしも多くないため，利用できる環境にあるのであれば，民間企業の運営する，判例データベースを活用するのがもっとも効率的です。各大学で異なるデータベースを契約していることと思われますが，いずれかの判例データベースを実際に触れて，使い慣れていくことが重要です。
　法学学習を進める上では，教科書や参考資料で出てきた判例を調べる，という機会がもっとも多いと思いますが，Westlaw Japan を例に，その検索方法を紹介します。

3.1　Westlaw Japan で，判決年月日がわかっている判例を検索する場合の検索方法

　ここでは，Westlaw Japan を例に，判決年月日がわかっている場合の判例検索の手順を簡単に紹介します。もっとも，Westlaw Japan の利用には有料の契約が必要です。有料契約を結んでいる大学図書館などで，Westlaw

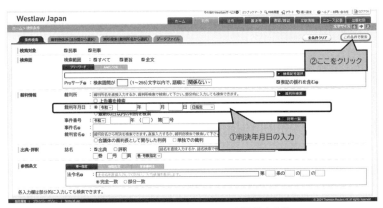

図 7.4　Westlaw Japan による判例検索方法
　出典：Westlaw Japan ウェブサイト（https://go.westlawjapan.com/wljp/app/search/template? tid=wljpCasesSearchTemplate&clean=true）（最終アクセス2025年1月20日）。

Japan の Web サイトにアクセスし，実際の画面を見ながら操作をしてみてください。

①判決の出された年月日（裁判年月日）を所定の欄に入力する。

②「この条件で検索」をクリック（以上，図7.4）。

③検索結果のページで表示されたリストから目的の判例を探す。

　→事件名などを参考にして，リスト上の判例を選択して要旨などを見る。

④「出典」を確認し目的の判例かどうかを確認する。

　→自分の探している判決かどうか「出典」（民集○巻○号○頁，判例タイムズ○号○頁など）まで一致しているか確認。

⑤「要旨」「全文」「解説」タブから情報を確認する。

　→「要旨」から，探している判例かどうか，再確認する。

　※「要旨」は，判決文そのものではないので，引用・紹介する対象ではないことに注意。

　・「全文」をクリックすると表示される文章が判決のフルテキスト（原文のコピー）。

　・「解説」がある場合は，解説記事の PDF がダウンロードできる。

⑥「評釈」情報を確認する。

　検索した判例について，判例評釈・解説がある場合，「要旨」ページにリストが表示。これらの資料が欲しい場合は，出典をメモして，図書館で閲覧・印刷。一部は PDF で閲覧可能な場合もある。

3.2　判例データベースをより活用するために

　判例データベースは，様々な活用方法がありますが，データベースによって使い方が異なるため，詳細については，大学の図書館でマニュアルを参照しながら利用することになります。いずれも，民間企業の運営する判例データベースでは，判決文の原文だけではなく，紙媒体の雑誌の掲載情報や，判例評釈掲載誌の情報など，数多くの情報が収録されています。これを自在に活用できるようになれば，法学学習の幅は大きく広がりますし，レポート・論文の作成，

第 I 部　法学学習編

ひいては，就職後でも困ることはないでしょう[5]。

3.3　民事判決の全件データベース化に向けた動き

　全国の裁判所で言い渡される判決は，民事・刑事合わせて，年間30～40万件にも及びます。ところが，そのうち裁判所の判例検索システムや，判例雑誌に掲載され，広く公開される判決は，わずか数％に過ぎません。

　そこで，民事・行政判決については，国の機関が，網羅的な全件データベースを作り，実務家や研究者，判例雑誌の出版社に提供する形で，情報公開を強めようとする動きがあります。これにより，少なくとも民事・行政判決については，情報公開が促進され，より利便性が高まることが期待されます。他方で，これまでの判例検索方法や，判例雑誌の役割などが変化する可能性もあり，今後の状況について，注目しておく必要があります。

5）判例データベースは，高額です。そのため，大学など一定程度，図書関係予算があるところでないと，導入が難しいという実態があります。そのような判例データベースですが，大学に所属していれば，自由に活用できますし，大学卒業後も，図書館利用資格さえ得れば使うことが可能な場合がほとんどです。これを活用しない手はないでしょう。

第8章
法学のレポート・論文の書き方

　本章では，法学のレポート・論文の書き方について説明します。大学では，レポートや論文が課題として出されることがあります。法学でも同様で，その書き方自体は，一般的なレポート・論文と大きく異なることはありません。ただ，それぞれの学問分野で求められていることや，作法が異なることを踏まえて，法学のレポート・論文で求められているものを確認し，その作成方法について説明します。関連して，レポート・論文では，必ず，参考文献の出典表記が必要になるため，法学のレポート・論文における参考文献の出典表記方法と，判例・裁判例の引用方法についても説明します。

1 レポート・論文とは？

1.1 一般的なレポート・論文の意義

　まずは，一般的なレポート・論文の意義です。書店に行くと『レポートの書き方』や『論文の書き方』といったタイトルの書籍は，星の数ほど販売されています。それだけ，多くの人がレポート・論文には，悩み苦しんでいることがわかります。

　そもそも，レポート・論文の課題が課された時，一体，どういったものが求められているのでしょうか。これは，定評ある『論文・レポートの書き方』に関する指南書に次のような定義がなされています[1]。

---

1) 戸田山和久『最新版　論文の教室——レポートから卒論まで』(NHK 出版，2022年) 45頁。同書は「作文ヘタ男くん」が，ゼロからレポート・論文を書きあげていく小説スタイルで説明が進行します。大学のレポートはもとより，修士論文などの学術論文を書く上でも参考になります。

第Ⅰ部　法学学習編

> レポート・論文とは，
> 　①与えられた問い，あるいは自分で立てた問いに対して，
> 　②ひとつの明確な答えを主張し，
> 　③その主張を論理的に裏付けるための事実的・理論的根拠を提示し，主張を
> 　　論証する，形式張った文章。

　この定義を踏まえ，課題のレポート・論文の目的に沿って，文章を作成する
必要があります。法学の課題等でレポート・論文が課された場合も，このよう
な要素を柱とした文章を書いていくことになります。

1.2　法学部の講義・ゼミにおいて求められるレポート・論文

（1）そのレポートに「意見」が必要か

　基本的には，法学においても「一般的なレポート・論文」の書き方が妥当す
るものの，法学の分野で求められているレポート・論文は，他の分野とは若干
異なる場合があるように見受けられます[2]。そこで，法学のレポート・論文で
は，何が求められ，何を書くべきなのかを把握することが肝心です。

　まずは，法学のレポート課題で何が求められているかについてです。一般的
なレポートのように，執筆者の「意見」まで求めているのか，それとも，「事
実」や「議論状況」を客観的にまとめることをもっぱら要求しているかを把握
する必要があります。卒業論文やゼミ論文など，「論文」として課題が出され
ている場合は，執筆者の意見も記述する必要があるのは間違いありませんが，
とりわけ「レポート」として課題が出された時は，注意が必要です。実のとこ
ろ，レポート課題を出す教員側にも共通見解がないように思います。多くの場
合は「意見」まで求められますが，どのような「レポート」が求められている
かはっきりわからない場合は，教員に聞いたほうが無難です。

2）実際，大学の講義でも，法学部ではない他学部の学生が提出したレポートについて，一
　生懸命書いてくれているのは伝わるものの，内容が課題として求めたものと違うという
　ケースがしばしば生じます。

第8章　法学のレポート・論文の書き方

（2）法学においてレポート・論文が求められる理由

　法学は，伝統的に，期末試験を中心とした「試験」で評価がなされることが多いです。これは，法学が試験に馴染みやすく，また，資格試験などを念頭に置くと，試験を行う必要性が高いと考えられているためです。それでもなお，法学の講義でレポートが課される理由は，講義内容等を「文章」の形でまとめる経験をすることで，その内容の確実な理解につながることや，重要な論点等について，再度自ら調べ・まとめる機会を作ることによって，理解の定着を図ることができるためです。また，ゼミ論文や卒業論文は，ゼミや大学における最終的な成果物のため，学んだ内容に加えて，自身の意見も提示することで，その学びの集大成を作るという趣旨もあります。

（3）法学部で求められるレポート・論文の「型」

　先のレポート・論文の定義にもあったように，レポート・論文は，「形式ばった文章」です。手紙の書き方や，行事の告知文章などに一定の作法や形式があるのと同様に，レポート・論文にも「型」があります。とりわけ，法学のレポート・論文については，次のような型があります。

　　・テーマ研究型：一般的なレポート・論文の書き方を応用。
　　・判例研究型：判例評釈を自身で作るイメージ。「型」がほぼ決まっている。
　　・事例問題解答型：事例問題の解答。法律答案（第10章参照）。
　　・ブックレポート：特に，政治学あるいは，法哲学や法社会学などの基礎法
　　　　分野で要求されることがある書評型論文。

　このうち，ブックレポートについては，憲法や民法などの実定法分野（成文法や判例を扱う分野）では，あまり課されることはないため，本書での説明は割愛します[3]。

---

3) これらの課題が出された場合は，「書評」というスタイルの論文をいくつか検索し，読んでみた上で，その「型」を把握すると良いでしょう。

111

第Ⅰ部　法学学習編

② レポート・論文の一般的構成

　学問分野によって，レポート・論文の構成は少しずつ異なりますが，一般的に，レポート・論文は，表8.1のような構成で作成します。法学のレポート・論文でも，これが基礎になるため，一種のテンプレートとしつつ，各自工夫して，レポート・論文を作成していくと良いでしょう。

表8.1　レポート・論文の基本的構成

	具体的内容（構成要素）	論文の見出し	割　合
序論	■問題の背景と目的 （近年〜〜が問題となっている。） ■問題提起 （○○は××だろうか。／△△はどのように考えるべきだろうか……等） ■主張の要点 （この点について，本稿では〜と考える。） ■検討の方法・展開の予告 （これを検討するため，第2章では〜を，第3章では〜を論じることとする。）	1．はじめに 論文全体の要約としての役割	10〜15％
本論	■基本知識・問題の背景 （背景事情や用語の定義など，資料を用いながら説明する。） ■主張を支える根拠の論証 （※自説と方向性の同じ見解の紹介をすると，論理が組みやすい。） ■反対意見の論者の主張・論証 （資料を用いて，反対意見を紹介しつつ，その見解を論証する。） ■再反論とその論証 （反対意見を踏まえ，なぜ，自説がより説得力を持つのかについて，資料を用いて説明する。）	2．○○○○ 3．○○○○【論点1】 (1)○○○ (2)○○○ (3)○○○ （複数の論点を扱う場合 4．○○【論点2】 5．○○【論点3】 6．○○【論点4】 ……と増えていく。）	70〜80％
結論	■結論・まとめ 論文の中でわかったことをまとめ，結論を述べる。 ■今後の課題 論文の中で取り上げられなかった，論点やその他の議論に軽く触れて，「今後検討する」意思表示をする（様式美）。	5．おわりに	10〜15％

112

第8章　法学のレポート・論文の書き方

　レポート・論文を書く上では，法学者による論文をいくつも読むことになります。それを読んでいくうちに，少しずつ「型」が身についてくるという側面もありますが，まずは，大枠の型を知った上で，レポート・論文に取り組むのが良いでしょう。

③　レポート・論文を書く手順（1）
――テーマ研究型――

　レポート・論文は，講義や分野に関連する形で，何らかのテーマについて，深く掘り下げるような文章が求められます。本章では，このタイプのレポート・論文を「テーマ研究型」のレポート・論文として，これの作成方法を説明していきます。

3.1　与えられた課題からテーマを見出す

　レポート・論文の課題が出された場合に，まず，行うべきは「テーマの設定」です。この場合は，「～すべきか」，「～は妥当だろうか」といった「問い」を自分で立てることが大切になります。

　例えば，「死刑制度について論じよ」「夫婦別姓について論じなさい」といった形でテーマが設定される場合があります。このパターンは，比較的内容が絞りこまれているので「問い」が作りやすいでしょう。単純に「死刑制度を廃止すべきか」「夫婦別姓を認めるべきか」という問いでも良いですし，「現在の死刑執行の方法は正当といえるだろうか」「夫婦別姓を認めるとして，どのような条件が必要か」といったように，検討範囲や論点を絞ることもしやすいでしょう。それをそのままレポート・論文の「タイトル」にしても問題ない程度にまで，テーマが絞り込めています。

　他方で，「講義中に触れた法制度の諸問題について自由に論じよ」といった漠然としたテーマ設定で，課題が出される場合も少なくありません。このままだとあまりにも対象が広すぎるため，テーマを絞っていく作業が必要になります。このような場合，次のような手順で，テーマの絞り込みを行うと良いで

113

第 I 部　法学学習編

しょう。

①本やインターネット上の資料，講義資料などを読みなおしてみる。

②自分が興味をもてそうな分野や領域を探す。

③興味を持った問題について，アイデアを出したり資料を調べて「論点」を出す。

④レポート・論文として考えをまとめることができそうだと思う論点を選び出し「～すべきか」という問いにする。

　レポート・論文は，「自分が興味を持った」ことについて深掘りすることが大切です。特に，卒業論文が課せられている場合は，この作業は必須です。レポート・論文の作成がうまくいくかいかないかは，ほぼ，テーマ設定で決まるといっても過言ではありませんので，あれこれ資料を読みながら，テーマ設定には十分時間をかけて良いでしょう[4]。

3.2　文献の調査

（1）基礎的知識を深めるための調査

　文献の調査には，2段階あります。その第一段階は「基礎的な知識を深めるための調査」です。

　なんとなく，書けそうだ・書いてみたいと思うテーマが決まったら，基礎的知識を深めるために，関連する文献をいくつか読みます。講義のレジュメや，教科書・参考書の記述，あるいは，インターネット上の記事なども，この段階では有効活用すべきです。資料を読む時は，基礎知識をつけるための調査でも，後述する論文執筆のための調査でも，最新の資料から読むことをお勧めします。

4）テーマ設定は重要ですが，レポート作成において，一番難しく頭を悩ませる作業です。そのテーマ設定の方法に関する書籍として，トーマス・S・マラニー＝クリストファー・レア『リサーチのはじめかた――「きみの問い」を見つけ，育て，伝える方法』（筑摩書房，2023年）があります。歴史学を念頭においた書籍ですが，他の分野でも応用できるメソッドが紹介されています。

第8章　法学のレポート・論文の書き方

法学の場合は，法改正や判例・学説の議論の蓄積で，数年前の状況と，今の状況が，全く異なっていることが少なくないためです。

　基礎的知識がある程度ついてくると，当初考えていた「問い」に変化が生じることがあります。「当初考えていた『問い』はすでに解決されていた」「思ったほど関心が持てなかった」など，理由は様々ですが，これは，ごく自然なことなので，その場合は適宜「問い」を変化・調整していけば良いだけです。

（2）論文執筆のための調査

　文献調査の第二段階は，「執筆のための調査」です。自分で設定した「～すべきか」という問いに対して「～すべき／～すべきでない」という形で暫定的な結論を出した上で，その結論を支える論拠・根拠に関する文献や，反論を述べた文献などを探して読み込んでいきます。体系書などの書籍はもとより，論文をはじめとした文献を集めます。図書館にこもって，とりあえず一気に文献収集するのが効率的でしょう。もっとも，とりあえず集めたものを読んでいく中で，必要な情報と不必要な情報は出てくるので，集めた情報は，取捨選択をしながら，自分の論文に必要な情報を整理していくことになります。

　なお，レポート・論文で，自分の立てた問いに対する答えに「正解」はありません。例えば，「死刑制度を廃止すべきか」という問いに対して「廃止すべき」という回答で書いても，「廃止すべきでない」という回答で書いても，筋が通っており，説得的であれば，どちらの結論をとっても問題はありません。もっとも，説得力のある文章を書こうと思えば，自分の意見に有利な資料ばかり読んでいては意味がありませんので，幅広く資料を集めて読んでいくことが大切です。なお，調べたり書いたりしているうちに，「自分が考えていた結論と，真逆の回答の方が説得力がある」と考えるに至ることもよくあることです。その場合は，素直にそれにしたがって，文章の展開を調整して書き上げると良いでしょう。

　ちなみに，論文執筆のための調査において，インターネット上の情報を使う場合は，注意が必要です。書籍・論文はほぼ例外なく「他人の目」によって

115

第 I 部　法学学習編

チェックが入っており，他人が原典に当たることができるようにされているほか，客観性もある程度担保されているのに対し，インターネット上の情報は，必ずしもそれらが担保されていません。したがって，インターネット上の情報を使う場合は，政府の公式文書など，一次資料に限ると考えておいた方が無難です[5]。

3.3　アウトライン≒目次を書く

　色々と文献を読み，いざ書こうとして，パソコンの前に座って，新規 Word ファイルを作成して，頭から書き始めようとしても，レポート・論文は書けません。書けたとしても，とてつもないストレスを感じることと思います。今後，レポート・論文のみならず，何らかの説明をする文章を書くときは，必ず，**アウトライン**から書くようにしましょう。アウトラインは，いわば「目次・見出し」で，レポート・論文の骨組みです。レポート・論文において，「～すべきか」という問題に対して，「～すべき／すべきでない」という回答を得るために最も説得的であると思われるストーリー展開を考えて，まずは，目次だけを書いていきます。その後，大体の目次を作ったら，そこで何を書くべきかメモして行き，少しずつ，骨組みに肉をつけていくイメージです。

　図8.1は「死刑制度について論じよ」という課題が出たと想定して，ある程度，文献を読んだ上で「死刑を廃止すべきだ」と主張するレポート・論文を書くことを考えた場合のアウトライン作成例です。

　アウトラインは，目次で構造をつけた「メモ」ですが，この「メモ」をどんどん膨らませていき，最終的に文章として構成したものがレポート・論文です。目次を先に書くことで，「どういった順序で論じるのが良いか」「書くべき内容に不足がないか」などを考えながら文章を書くことができますし，すでに調査が終わっていて，書き始められるところがあれば，先に，その部分から書いて

5）もちろん，論文の原典がインターネット上に PDF で公開されている場合は，それを活用することは問題ありませんが，これは別に掲載媒体があり，インターネット上にも公開されている場合がほとんどです。最終的には，もともとの掲載媒体（雑誌や大学紀要）の掲載頁で引用することになるので，その資料の書誌情報（著者名や雑誌名など）もチェックしておきましょう。

第 8 章　法学のレポート・論文の書き方

仮タイトル：わが国の死刑制度存廃の是非について

1．はじめに
　問題：死刑制度は廃止されるべきか？
　主張→されるべき。
　各節の内容（2章では○○を，3章では○○を，論じる）

2．死刑廃止論の展開
（1）問題の背景
　　・死刑制度の歴史・現状
　　・死刑はなぜのこっているのか……裁判所は合憲と判断（判例紹介する？）
（2）死刑廃止論の展開
　　・憲法の問題とか，執行人の負担とか色々あるけど冤罪との関連を中心に書きたい。

3．死刑制度と冤罪（←論じるポイントを絞った）
（1）冤罪に基づく死刑執行の可能性
　　・冤罪の危険性がある以上，死刑は廃止すべきという見解（根拠）
　　　ev. ○○著『××』（○社，2000年）○頁／○○「△△」法教○号○頁……
（2）わが国の刑事司法の安定性
　　・(1) に対する反対論。
　　　ev. □□著『△△』（○社，2010年）○頁……
（3）刑事司法への過度な期待はすべきでない（自分の反論・見出し長いからあとで考える）
　　・刑事司法が安定しているからといって，死刑制度維持の根拠とはなりえないのでは？
　　・ev. △△著「××」（自説を補強する資料を探す）

4．冤罪による死刑執行の危険とそれに対する世界各国の対応
　　……3で出てきた論点についてより深めるために，世界の状況を調べてみようかな。
（1）イギリス
　　・冤罪が疑われたのに死刑執行された事例（ev. エヴァンス事件……論文探そう）
（2）アメリカ
　　・連邦は存置，州によっては維持（なんで？　調べよう）
（3）わが国が取るべき立場
　　・死刑廃止した国の理由付けと比較しても，死刑は存置すべきでない！
　　……死刑存置してる他の国の状況とか，もう少し書けたら書く。

5．おわりに
　　・内容のまとめ
　　・今後の課題

図 8.1　テーマ研究型レポートのアウトライン例（初期段階の項目アウトライン）

しまうことも可能になります。第1章の「はじめに」から書く必要は一切ありませんし，むしろ，「はじめに」から書くと失敗します。なぜなら，レポート・論文における「はじめに」の章は，全体の要約の働きをする章なので（表8.1参照），最後まで内容を書き切ってみないと書けない，あるいは，非常に書きにくいからです。

レポート・論文のコツは，アウトラインをつくったら，書けるところから書くことです。そして書き進めるうちに，章立てを変える必要が出てきたり，当初予定していたストーリーから変化したりすることもしばしばありますが，その時は，適宜修正を加えながら，書き進めていきます。

ちなみに，アウトラインを作って文章を作成する場合，Wordの「アウトラインモード」が便利です（図8.2）。多くの方は，Wordを開いて「印刷レイア

図8.2　アウトラインモード

図8.3　印刷レイアウトモード

ウトモード」(図8.3) で文章を書いていると思いますが，アウトラインモードを使うと，章・節などの構造をつけたアウトラインが簡単に作れるほか，自動で章・節の番号を振ってくれる機能も使うことができます。また，ページの区切りがないモードのため，なかなか書き進められない時，次のページに全然到達しないというストレスもある程度軽減されます。

　また，アナログなやり方で手軽にできるアウトライン作成方法としては「見出し」を付箋に書いて，紙のノートに貼ってアウトラインを組む方法も有効です。付箋であれば，順番を入れ替えることも容易ですから，まずは，ノート上でアウトラインを組んで，ある程度固まったら，それを設計図として横におきながら，文章自体はパソコンで記述していく，という方法も良いでしょう。何より大切なのは，自分のやりやすい方法で構わないので，まずは，アウトラインから書くことです。

3.4　執筆——文章表現に気をつける

　資料を読み込み，アウトラインを調整しながら，文章を書いていきます。このとき，話し言葉や作文のような私的な文書で使う表現と区別した，「硬め」の表現を意識します。基本的に，文章は「である調（常体)」で書いていきます。はじめてレポート・論文を書く場合は，表現に苦労することがあるかもしれませんが，法学者の書いた論文や，行政文書・新聞報道等の公的な文章から，表現方法を学んでいくと良いでしょう。ここで，よくみられる避けた方がいい表現とその言い換えを示しておきます（表8.2)。

　また，法学の論文・レポートにおいて，何らかの「主張」を書く場合，「私は」といった一人称表現は避け，「本稿では〜」という形で，主語を論文自体にしてしまうのが無難です[6]。

　ところで，法学部生のレポート・論文を読んでいると，稀に「けだし」という表現に出会うことがあります。これは，古い言い回しで，「思うに」「考えて

---

6) 分野によっては，積極的に「私は」という形で，自身の主張である旨を明確にすることを推奨する場合もありますが，法律学の場合は，一人称の使用は避けたほうが無難です。

第 I 部　法学学習編

表 8.2　口語表現とレポート・論文の表現

口語表現	レポート・論文で使う表現
それから	また
それで	その結果
だから	したがって
でも	しかし
だけど	だが
じゃあ	そこで
とはいうものの	もっとも
だって	なぜなら
言い換えると	すなわち，つまり
付け加えると	なお
他では	一方，一方で，他方，それに対して，
はじめは，そして，それから	まず，次に，さらに
1つ目は，2つ目は，3つ目は	第一に，第二に，第三に
と言っている	と述べている，と主張している，と指摘している
〜がわかった	〜が明らかとなった，〜が示唆された
〜を考える	〜を検討する，〜を考察する，〜を分析する
〜かもしれない	〜の可能性がある
〜じゃない	〜ではない
すごく	非常に
とても	著しい
だんだん	次第に
いつも	常に
多分	おそらく
全然	全く
どちらも	いずれも
どれくらい	いかに
たくさんの	多くの
いろいろな	様々な
こんな	こうした
どんな	どのような，いかなる
〜とか	〜など
〜しかない	〜にすぎない

　出典：井下千以子『思考を鍛えるレポート・論文作成法〔第3版〕』（慶應義塾大学出版
　　　会，2019年，122-123頁）を一部改変。

120

みると」という接続詞です。古い判例を読んでいると，比較的よく目にする表現で，なんとなく使ってみたくなる気持ちはわかりますが，現代に生きる皆さんは，あまり使わない方が良いでしょう。

　レポート・論文は，エッセイや作文ではないので，その論文の論理が追いやすくなるように，見出しを活用したり，いわゆる，パラグラフ・ライティングを意識して，わかりやすい文章を目指します。レポート・論文は，最終的に教員などの執筆者以外の他人が読むものですので，他人に伝わるように書くことを意識して書きます。可能であれば，提出前に，友人や家族に読んでもらい，コメントをもらう機会を得ると良いでしょう。

3.5　資料の引用と出典表記

（1）出典表記の必要性

　レポート・論文を作成する過程で文献を引用・参照した場合は，必ず出典を表記する必要があります。これは，執筆者がどのような調査を行い，考察したかを後から検証できるようにするためです。逆にいうと，参考文献や引用の出典表記の無いレポートは，ただの感想文かそれ以下として評価されてしまいます。

　また，他の人の見解や客観的事実を記述する際には，信憑性の高い資料を使用することが大切です。しばしば，Wikipedia や誰が書いたかよくわからないブログ記事を引用してくるレポートがありますが，これは不適切です。これらは，誰でも改変可能であったり，根拠不明の情報がまじり込んでいたり，情報の信頼性が担保できないためです。これらの Web サイトを調べるきっかけとして使うことは否定しませんが，レポート・論文に「参考文献」として表記することは基本的に不適切で，そこで述べられている内容のさらに原典を見た上で，引用・出典表記することが必要です。なお，法学のレポートでは，弁護士事務所の Web サイトの記述などをコピペしてくる例もしばしばみられますが，根拠資料としては，適切ではありません[7]。

　7）「弁護士が書いているのだから間違いがないだろう」と思って引用したものの，全く間違ったことが書いてあったということも少なくありません。あくまでインターネット上

第Ⅰ部　法学学習編

（2）資料の引用方法

　レポート・論文の中で，その資料の言葉を直接引用したい場合は，カギ括弧でくくるなどして，自説と他人の見解とを，明確に区別するようにします。法学の場合，特に判例など，判決文の文章を紹介する場合には，直接引用する機会が多いです。

　また，法学のレポート・論文では，いわゆる参考文献一覧の形で，参考にした文献や資料を並べる方式は，原則として採用しません。なぜなら，誰がその見解を述べているのか（判例なのか，○○教授の見解なのか，実務家の見解なのか）といったことを非常に重視するため，それが明確にわかる方式で引用することが求められるためです。したがって，参照・引用した箇所で，その都度，脚注を入れて表記するのが一般的です（図8.4）（資料の出典表記方法については，本章第5節で詳しく説明します）。

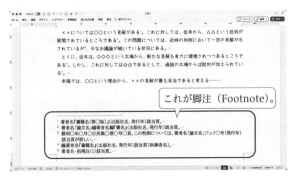

図8.4　Word（印刷レイアウトモード）の脚注表示

　なお，Wordの脚注機能は，「参考資料（Windows版）」「参照設定（Mac版）」のタブから，「脚注の挿入」をクリックすることで挿入できます（図8.5）。

　もっとも，レポート・論文を執筆する上で，脚注機能は頻繁に使うことになるため，ショートカットキーを覚えておくと便利です。Windows版のWordの場合は，Ctrl＋Alt＋Fで，Mac版の場合は，command＋option＋Fで，

の記事は，調べるきっかけとして使うことにとどめておいた方が，身のためです。

第8章 法学のレポート・論文の書き方

簡単に脚注を挿入することができます。

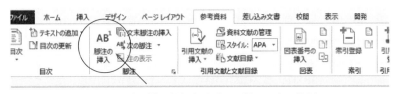

図 8.5 脚注の挿入方法（Windows 版 Word の場合）

4 レポート・論文を書く手順（2）
―― 判例研究型 ――

　法学特有の課題として，判例研究型のレポート・論文があります。これは，判例評釈を自分で書くレポート・論文だと考えると，課題の内容が把握しやすいでしょう。したがって，その判例・裁判例の判旨について，賛成するか，反対するか，あるいは，疑問があるとすればどのような点か，といった内容について，論じていくことになります。

4.1　対象判例・関連資料を読み込む

　判例研究型のレポート・論文では，たいていの場合，「令和○年○月○日民集○巻○号○頁の判例についてレポートを書け」といった形で，対象となる判例が指定されていることがほとんどです。したがって，まずは，判例データベースで対象判例を検索し，図書館等でフルテキスト（民集・判例タイムズ・判例時報など）を取得し，自力で読むことからスタートします。その際，対象判例の「判例評釈」や「判例解説」も合わせて検索・取得しておくのが効率的です。この時，データベースに出典情報が掲載されている判例評釈や判例解説は，すべてコピーしたり，データで取得しておきます。また，世間を賑わせた判例は，新聞記事などでも紹介されている場合があるので，参考資料として取得しておくのも良いでしょう。

123

第 I 部　法学学習編

4.2　対象判例の「論点」を見出す

　裁判になり判決が出ているということは，当事者間の見解に争いがあること
になりますが，その争いの部分が，まずは，主たる争点・論点ということにな
ります。もっとも，一つの判例でも，様々な読み方ができる上に，議論が生じ
る点が複数存在することもあるため，論じるポイント（≒論点）を絞り込む作
業が必要になります。これを自力で見つけるのは，最初の方は難しいため，判
例解説や判例評釈を複数読んで，まずは，「何が論点なのか」を把握すること
に努めると良いでしょう。

　ここで一つ注意すべき点として，何の科目で課題が出されているか，を再確
認することがあります。というのも，一つの判例で，「民法」上の論点が取り
扱われていると同時に，「憲法」上の問題も論じられている，といったことが
あります。そのため，仮に，民法の講義やゼミでレポート課題が出されたにも
かかわらず，憲法の論点について書いてしまうと「課題を取り違えている」と
評価されてしまう可能性があります。

4.3　アウトライン≒目次を書く

　そして，アウトラインを作ります。テーマ研究型のレポート・論文とは異な
り，判例研究型のレポート・論文は，法学者の書く「判例評釈」の書き方に準
じることになります。そのため，ほぼアウトラインが確定しています。仮に，
「最判平成25年4月12日民集67巻4号899頁」が，レポートの対象として指定さ
れたとして，そのアウトライン例を見てみましょう（図8.6）。

　「はじめに」「事実の概要」「判旨」「検討」「おわりに」という大きな構成は，
ほぼ確定しており，このまま使っても問題ありません。

　また，「事実の概要」は，判決文の「事実の概要」をうまく要約し，「判旨」
は，判決文のうち，論点について一般論を述べている理由づけ部分を，的確に
抜粋することが求められます。この辺りは，判例を読み込み，判例評釈をいく
つか読んだ段階で，書き始めることができるでしょう。

　判例研究型のレポート・論文について，実質的には「検討」の中身のみ，章

124

第8章　法学のレポート・論文の書き方

（仮）医薬品が「通常有すべき安全性」について
──イレッサ訴訟（最判平成25年4月12日民集67巻4号899頁）を素材として──

1．はじめに
・事件の背景→新聞でも取り上げられてたから紹介？　医薬品の問題は最近よく聞く。
・判決の内容は妥当か??：やや疑問が残る（暫定的な結論）。
・検討の順番（あとで書く）。

2．事実の概要
・最高裁判決の事実認定部分を参考にまとめる。
・一審・二審・最高裁で判断が割れてる。
　判旨で紹介？　ここで短めの紹介でよい？　あとで考える。長めに紹介するなら，見出しつけよう。

3．判旨
・最高裁判決で今回の検討の対象となる部分を「　　」で直接引用する。
　判決すごく長い…，どこを引用すべきか。いくつか評釈見くらべる。←百選にのってる！

4．検討
(1) 民法上の過失と製造物責任法の欠陥・瑕疵要件
　　製造物責任法成立以前から学説で議論があるらしい。体系書，コンメンタール見てみる。
(2) 医薬品の欠陥
　　普通の「物」とは違う考慮があるみたい。論文読む。
(3)「通常有すべき安全性」の判断枠組みの正当性（仮）
　　・学説はどう言っている？
　　・予見可能性を引き渡し時に限定したのはほんとに妥当??
　　・そんなこといったら，出したもん勝ちじゃない？
　　・でも，そもそも薬物ってそういう性質前提??

5．おわりに
・内容のまとめ
・今後の課題

図8.6　判例研究型レポートのアウトライン例（初期段階の項目アウトライン）

立てを工夫することになると思いますが，ここで，判例の判旨に賛成するか，反対するか，疑問があるとすればどのような点か，といった内容を，他の判例評釈や，関連判例，関連学説を使いながら，自分なりの回答を出していくことになります。

125

第Ⅰ部　法学学習編

4.4　執筆・資料の引用

執筆時の注意や，資料の引用・出典表記については，「テーマ研究型」のレポート・論文と同様の注意が妥当します。なお，判例のフルテキスト（民集や判例タイムズなど）を読み，それを参考にしながら書く場合には，判例の原文と解説部分をごちゃ混ぜにして記述しないように注意が必要です。判例の原文を引用しているのか，それとも，解説部分を参照した記述なのかは明確に分ける必要があり，解説部分を引用・参照する場合は，脚注で明示的に指摘することを心がけましょう。

⑤　法学における参考文献の出典表記のしかた

法学の分野では，参照・引用した資料の出典の表記方法は，明確に決まったルールがあるわけではありません。また，出版社によっても，若干異なっています。ただ，一定程度，共通認識として確立した方法があります。したがって，法学のレポート・論文を作成する上では，この方式に則って記述することが望ましいでしょう。この記述方法について，例を交えて見ていきましょう。

まず，大きな約束事として，本（書籍）を引用する場合，そのタイトルを『　』（二重かぎカッコ）でくくり，論文を引用する場合は，「　」（通常のかぎかっこ）でくくるという決まりがあります。その上で細かいルールについて見ていきます。

5.1　参考文献の引用表記方法

（1）単行本（単著）

> 著者名『書名〔版〕』（出版社，出版年）該当頁。

e.g.　伊藤眞『破産法・民事再生法〔第5版〕』（有斐閣，2022年）1頁。
　　　山本和彦『倒産処理法入門〔第6版〕』（有斐閣，2024年）98頁。

126

第8章　法学のレポート・論文の書き方

（2）共著・編著の書籍

①共著

> 　著者名＝著者名『書名〔版〕』（出版社，出版年）該当頁^(ページ)〔執筆者〕。

e.g.　中島弘雅＝佐藤鉄男『現代倒産手続法』（有斐閣，2013年）172頁〔中島弘雅〕。
　　　山本和彦ほか『倒産法概説〔第2版補訂版〕』（弘文堂，2015年）2頁〔水元宏典〕。

②編著

> 　編著者名編『書名〔版〕』（出版社，出版年）該当頁^(ページ)〔執筆者〕。

e.g.　川嶋四郎編著『民事執行保全法入門』（日本評論社，2024年）26頁〔玉井裕貴〕。
　　　加藤哲夫＝山本研編『プロセス講義倒産法』（信山社，2023年）66頁〔玉井裕貴〕。

※著者・編著者が3名以下の場合は著者名を＝（イコール）でつなぎます。

※著者・編著者が3名をこえる場合は，編集代表者の名前のあとに「ほか編」と入れるのが一般的ですが，全員を載せても間違いではありません。誰が編集代表かは，書籍の奥付（書籍の一番最後の頁にある）や表紙などから調べます。

（3）論文（論文集など）

> 　著者名「論文タイトル」編著者名編『書名』（出版社，出版年）該当頁^(ページ)。

e.g.　玉井裕貴「事業再生プロセスにおける裁判所関与のあり方―ドイツの裁判外再建手続における『モジュール』構想に示唆を受けて」三木浩一＝中井康之＝田頭章一＝高田賢治＝倉部真由美編『民事手続法と民商法の現代的潮流（中島弘雅先生古稀祝賀論文集）』（弘文堂，2024年）655頁。

127

第 I 部　法学学習編

　　玉井裕貴「倒産法的公序」中島弘雅＝松嶋隆弘編『一般条項による主張
　　立証の手法──実体法と手続法でみる法的構成の考え方』（ぎょうせい，
　　2024年）180頁。

（４）論文（雑誌掲載）

　著者名「論文タイトル」雑誌名○○巻○○号（発行年）該当頁。

---

e.g.　玉井裕貴「倒産法からみる暗号資産」法律のひろば74巻 8 号（2018年）
　　　58頁。

（５）判例評釈

　著者名「判批」雑誌名○○巻○○号（発行年）該当頁。

---

e.g.　玉井裕貴「判批」新・判例解説 Watch32号（2023年）227頁。
　　　玉井裕貴「判批」松下淳一＝菱田雄郷編『倒産判例百選〔第 6 版〕』（有
　　　斐閣，2021年）196頁。

　なお，「判批」は，判例批評の省略です。特に，調査官解説（第 5 章参照）の
場合は，「判解」と記載されることもあります。また，レポート・論文を自分
で書く場合，雑誌名はそのまま記載すれば良いですが，資料中では，略記され
ている場合も多く見られます（表8.3）。

表 8.3　代表的な判例評釈掲載雑誌とその略記方法

ジュリ	ジュリスト	重判解	○年度重要判例解説
法教	法学教室	金法	金融法務事情
法セ	法学セミナー	金判	金融・商事判例
判評	判例評論（判例時報別冊）	リマークス	私法判例リマークス
曹時	法曹時報	民商法	民商法雑誌

128

第8章　法学のレポート・論文の書き方

5.2　判例・裁判例の引用方法

　判例や裁判例を引用する場合，判決理由を引用する際は，「　」で直接引用したり，内容を要約した上で，脚注で，どの判例・裁判例なのかを明示します。判例・裁判例の表記方法の詳細は，第5章を参照してください。

5.3　重複引用の表記方法

　レポート・論文で，同じ文献を複数回引用する場合，2回目以降では，次のような形で引用するのが一般的です。

> 著者名・前掲注（脚注番号）該当頁^{ページ}。

e.g.　伊藤・前掲注（5）73頁。
　　　山本ほか編・前掲注（6）44頁〔中西〕。

5.4　拙稿

　法学部の学生がこの表記を自らすることは，まずないと思いますが，論文を読んでいると「拙稿」という表記に出会うことがあります。これは，自分が書いた原稿をへりくだって指摘する場合に使われる言葉です。したがって，拙稿として引用されている文献を見たいときは，いま読んでいる論文の著者名から検索すると見つけることができます。

・コラム③・　　　　　　　　　　　頁は「ページ」です。

　ここまでの説明で「頁」にしつこく「ページ」と読みがなをつけているのには理由があります。それは，提出されたレポート・論文で，必ず，間違った表記がなされたものが出てくるためです。よく見られる間違いとしては，「項」「貢」「貝」あたりでしょうか……。ページ（page）という外来語に「頁」という漢字が当てられていることに，なんだか不思議な感じがするかもしれませんが，ぜひ，パソコンやスマホで，「ページ」を変換してみてください。きちんと「頁」と出てきます。

第9章

法学の試験

　本章では，法学の試験について説明します。法学部の方はもちろん，法学の講義を履修している方や，何らかの法律系資格試験，公務員試験などを受験される方は，試験から逃れることはできません。そこで，法学の講義や資格試験で出題される典型的なパターンを知り，試験勉強の方法を考えていきましょう。

① 試験での成績評価が多い法学部

　大学においては，最終的な成績評価を，試験で行うのか，レポートで行うのか，それ以外の方法で行うのかについては，基本的に，担当教員が決めます。もっとも，法学の科目では，多くの場合，試験（テスト）で評価されることになります。これは，法学が，しばしば「パンのための学問」[1]と揶揄されることと関連します。すなわち，法学は，文学や哲学，数学などの純粋な学問とは異なり，給料を得る（＝パンを食べる）ための手段に過ぎない，という評価です。つまり，法学を学ぶ人は法律家として仕事を得ること，もっぱら，弁護士などの法律家になることが想定されていたということを意味します。法律家として職を得るには，今も昔も試験を突破しなければならないわけですから，伝統的に試験で成績評価をすることが多いといえます。

　また，法学を修めたか否かは，法令や判例の知識を理解しているか，それらを応用する力があるかによって，評価されることになりますが，これらの能力は，比較的，試験で測りやすいという性質もあるため，試験での成績評価が好

---

1) このように法学を表現したのは，ドイツの詩人，フリードリヒ・フォン・シラー（1759-1805）だといわれています。ちなみに，シラーは，ベートーヴェンの交響曲第9番「合唱付き」いわゆる「第九」の「歓喜に寄す」の歌詞を書いたことで有名です。

第9章　法学の試験

まれる傾向にあります。

2　法学の試験形式

　ここからは，試験を出題する側の立場から，どのような試験形式があるのか，そして，各試験形式で，一体どのようなことを評価しようとしているのかについて説明します。これらを把握すると，逆算して，どのような点に気をつけながら勉強すれば良いのかが理解できるため，試験対策につながると思います。

　なお，後述する論文式の試験では，「六法のみ持ち込み可能」という試験条件がしばしば取られます。大学の法学の試験や，法科大学院（ロースクール）試験・司法試験などでも「論文式試験」の場合は，六法を使いながら試験を受験できます。そう考えると，普段の勉強においても常に六法を見て，使い慣れておくことが，結果的に試験の時にも役に立つということが理解できるでしょう。

2.1　客観式問題

　大学における試験の一部や，資格試験などでよく使われる形式が，客観式問題です。マークシート式や，択一試験，○×問題，穴埋め問題など，解答が一つしか存在しない問題形式が，これにあたります。

　客観式問題を出題する側の意図は，基本的な法律用語の意味，制度の趣旨等を理解しているかを確認することですが，とくに，紛らわしい概念や制度の内容を理解しているかどうかを見ています。これまでも，高校や大学受験で慣れ親しんできた客観式問題ですので，比較的取り組みやすく感じるかもしれません。ただ，客観式だからといって，侮ってはいけません。例えば，図9.1の問題を見てみましょう。

　この問題は，国家公務員試験で実際に出題された「憲法」の問題です。国会の制度に関わる細かい知識まで問われていますが，頻出のパターンで，公務員試験問題集の解説によれば「必須」レベルの問題となっています。これが仮に

131

第Ⅰ部　法学学習編

国会に関するア〜オの記述のうち，妥当なもののみを全て挙げているのはどれか。

（ア）予算の提出及び内閣総理大臣の指名については，一般に国民の関心が高いと考えられることから，議員の任期が参議院より短く，解散により議員の任期が短縮される可能性もある点で民意をより直接に代表すると考えられる衆議院において，先になされなければならない。

（イ）衆議院で可決された法律案が参議院で否決された場合であっても，衆議院で出席議員の3分の2以上の多数で再び可決すれば，法律となる。条約の締結に必要な国会の承認についても，これと同様である。

（ウ）衆議院及び参議院の本会議の議事は，憲法に特別の定めがある場合を除き，出席議員の過半数によって決定されるが，可否同数のときは，議長の決するところによる。

（エ）国会の会期について，常会は，150日間を原則としつつ一回に限り延長することができる。これに対し，臨時会は，具体的な日数や延長できる回数について明記した法令はないが，実際には，毎年一回召集することとされている常会の運営に支障を来さないように会期の設定が行われている。

（オ）衆議院，参議院ともに本会議は公開が原則であるが，出席議員の3分の2以上の多数で議決したときは，秘密会を開くことができる。本会議を公開しない趣旨を徹底するため，秘密会については，その会議の記録も原則として公開されることはない。

1．（ア）
2．（イ）
3．（ウ）
4．（イ），（エ）
5．（ウ），（オ）

図9.1　国家公務員総合職試験・平成29年度（憲法）の問題

大学の試験で，六法持ち込み可能であれば，憲法や国会法の条文を見て確認することができますが，六法を参照できない公務員試験では，一定程度「記憶」が必要になることは否めないでしょう。

　もう一つ，国家公務員試験の過去問から「民法」で出題された問題を見てみましょう（図9.2）。

　これは，民法の試験でよく問われる「無効」と「取消し」の概念の違いと，その結果を導く法律行為の内容についての理解を問う問題ですが，どういった場合に「無効」となり，どういった場合に「取消し」ができるかは，典型的なケースを想像できるか否かで，正解に辿り着けるかどうかが変わるように思われます。これも六法持ち込み可であれば，比較的容易に解答できますが，六法なしでも正解できるようにしておきたい「必須」レベルの問題です。

132

第9章 法学の試験

> 無効と取消しに関するア～カの記述のうち，妥当なもののみをすべて挙げているのはどれ
> か。
>
> （ア）表意者は，強行法規に反する法律行為を取り消すことができる。
> （イ）公の秩序または善良の風俗に反する事項を目的とする法律行為は無効とされる。
> （ウ）強迫による意思表示は無効とされる。
> （エ）不法な条件を付した法律行為は無効とされる。
> （オ）成年被後見人の法律行為は無効とされる。
>
> 1．（ア），（イ）
> 2．（ア），（ウ）
> 3．（イ），（エ）
> 4．（イ），（エ），（オ）
> 5．（ウ），（エ），（オ）

図9.2 国家公務員一般職・平成26年度（民法）の問題

　以上のように，客観式問題だからといって，必ずしも簡単というわけではな
く，客観式問題は難しくしようと思えばいくらでも難しくできます。大学の試
験では，基本的な理解を試すため，比較的単純な客観式問題が出題される傾向
が高いように思われますが，資格試験や公務員試験，司法試験の短答式問題な
ど，いわば「落としにくる試験」に対峙するときは，それなりに本腰を入れて
勉強しておく必要があることは，認識しておくと良いでしょう。

2.2 論文式試験

　法学では，出題された問題に対して，文章の形で解答をする記述式・論文式
の試験が多く出題されます。その形式には，概ね次のような形式があります。

（1）語句説明・定義問題
①法律用語の説明を求める問題
　「語句説明問題」や「定義問題」と呼ばれる記述式の問題では，主要な法律
用語の意味，条文の趣旨・機能（要件と効果）などを簡潔に記述することが求
められるパターンが多く出題されます。

133

第Ⅰ部　法学学習編

　例えば，「公序良俗違反とは何か，説明しなさい」であったり，「既判力とは何か，説明せよ」など，法律用語の意味，条文の機能を理解しているかを問うタイプの問題です。その法分野特有の概念についての説明や，それに関連する内容が問われることが多く，六法の索引が参考になる場合もありますが，条文に載っていない概念や，難解な概念の理解を問う場合に出題される傾向があります。普段から，教科書などで，法律用語や概念の定義を確認しておくことが重要です。また，『法律用語辞典』の利用も効果的です。

　ところで，語句問題や定義問題を出題すると，次のような解答が出てくることがしばしばあります。例えば，解答欄が10行程度用意されていた上で「公序良俗違反とは何か。説明せよ」という問題が出された場合に，以下のような解答が提出されることがあります。

「公序良俗」とは，公の秩序又は善良の風俗に反する場合のことを言う。根拠は民法90条である。

　一般論として，10行程度で書けといわれたならば，全体の8～9割は記述する（埋める）ことが想定されているわけですが，そのような形式面だけでなく，内容としても，これは「間違っていないが，合ってもいない」という解答として評価されることになってしまいます。というのも「公序良俗違反」は，民法90条に規定があり，そこには「公の秩序又は善良の風俗に反する法律行為は，無効とする」と定められています。

　上記の解答と見比べていただければ明らかですが，単純に条文をそのまま写しただけの解答です。六法持ち込み可の試験であれば，こんな解答は誰でも

134

第9章　法学の試験

きるわけで，出題者はこのような解答を求めているわけではありません。

　出題者側の意図としては，条文を指摘するのはもちろんのこと，この概念の定義や機能，判例上の取り扱いや，学説の整理について理解しているかを問うていることになります。こういった内容は，講義でも時間をかけて説明されることになると思いますが，その内容を的確に文章として表現できるかを見ているということになります。多少工夫した解答例としては，次のようになるでしょう。

> 　「公序良俗違反」とは，法律行為の内容が「公の秩序又は善良の風俗に反する」場合には，その法律行為が無効とされる（民法90条）というものである。「公の秩序」や「善良の風俗」とは，最近では，2つの内容をあわせて「社会的妥当性」を意味すると考えられている。もっとも，何が公序良俗に反するかは，時代に応じた道徳観念の変化などによって，ただちには明らかとはならない。
>
> 　具体的にどのような行為が「公序良俗違反」となるかについては，判例・学説上，類型化が試みられている。たとえば，殺人の請負など犯罪行為を目的とする契約や，人身売買などの他人の自由を極度に制約する契約がある。また，判例上は，男女で異なる定年退職年齢を定めた就業規則が公序良俗違反にあたるとされたものがある。

　少し解説しておくと，なんらかの概念について説明する場合，根拠条文がある場合は，必ず指摘し，それがない場合は，判例により形成された概念なのか，学説上の概念なのかを指摘します。今回は民法90条に定められた「公序良俗」概念だということを指摘しています。その上で，「公序良俗」概念をめぐる学説の整理を説明しています[2]。また，具体例として，公序良俗違反該当性が問題となった，男女で異なる定年退職年齢を定めた就業規則の違法性に関する重要判例の日産自動車事件（最判昭和56年3月24日民集35巻2号300頁）の存在も指摘しています。もっとも，これはあくまで，ひとつの例にすぎません。他にも公序良俗違反をめぐる判例は存在するので，講義で詳しく説明された事件があ

---

2) かつては，「公の秩序」＝国家社会の一般利益，「善良の風俗」＝社会道徳の一般観念と区別して理解されてきましたが，最近ではそのように区別する実益はないと考えられています。

135

第Ⅰ部　法学学習編

れば，それについて詳細に論じるのが良いでしょう。

　解答欄のサイズや，指定行数にもよりますが，この程度の記述をしていれば，概ね及第点を得られるものと思います。もちろん，指定行数が多ければ，例えば，判例についてより詳しく説明したり，複数の例を挙げたりすると，より良い解答となるでしょう。

②類似する概念・制度の理解を問う問題

　そのほか，「語句問題」や「定義問題」では，類似する概念・制度を正確に把握しているかを問う問題もよく出題されます。例えば「事実婚とは何か，説明しなさい」という問題が出されたときは，指定行数や文字数にもよりますが，次のような内容を記述することが求められていると考えられます。

　・「事実婚」の定義。
　・法律上の婚姻関係（＝法律婚）と何が違うのか。事実婚の抱える問題。
　・関連する判例や学説の提示。
　・近年の社会状況や議論状況も説明に加えるとなお良い場合も。

　なお，「事実婚」の概念については，民法のうち「家族法」や「親族法」といわれる分野で詳細に説明を聴くことになります。関心のある方は，『家族法』や『親族法』のタイトルが付された書籍を紐解いてみてください。

③事件や判例の内容理解を問う問題

　また，著名な事件・判例の内容を理解しているか，判例が構築したルールを理解しているかを問う問題が出題されることもあります。例えば，「憲法」の範囲から「剣道受講拒否事件[3]について説明せよ」という問題が出題されたとすれば，次のような内容の解答が求められていると考えられます。

---

3) 最判平成8年3月8日民集50巻3号469頁。

第9章 法学の試験

- ・事件の概要（推移）を説明した上で,
- ・どのような法律上の争点があったのか。
- ・「憲法上の」争点はどこにあるのか。
- ・裁判所はどのような判断を下したのか。
- ・学説はどのように評価しているのか。

　事件や判例の内容について理解を問う問題は, 出題される（されそうな）判例について, 事案の概要やそこから導き出された判例のルールを説明する必要があることから, 事件を鮮明にイメージできるようにしておくことが重要です。そうなると, 普段の講義でも想像力を働かせながら事件や判例を聞いておくことが大切になります。また, 自身で学習する場合には,『**判例百選**』シリーズなどの学習用判例集を読むことも, 対策としては効果的でしょう。

（2）一行問題

　語句説明・定義問題と出題趣旨はほぼ同じですが, **一行問題**と呼ばれる問題形式があります。これはかつての司法試験（旧司法試験）でよく見られた出題形式で, 問題が, わずか一行, そして, 罫線だけ引かれた真っ白な解答用紙が配られて記述する, というパターンの問題です。今でも, 法学部の期末試験などでは, このような形式で出題される場合も見られます。例えば,「違憲立法審査権について論ぜよ」「有責配偶者からの離婚請求について論じなさい」「民法における公信の原則について論ぜよ」「積極的安楽死について述べよ」「処分権主義について論ぜよ」などといった問題です。

　一行問題について, 多くの場合は, その科目の講義で,「重要な論点だ」と, 強調して説明や解説がなされた点が出題される傾向にあります。したがって, 少なくとも, 講義で重要だと説明されたポイントについては, 解答を作成できるように, 準備をしておくのが良いでしょう。

　一行問題では, 概ね次のような要素を, 文章としてまとめる必要があります。

137

第Ⅰ部　法学学習編

・根拠条文は必ず示す（存在しない場合は，その旨を明示）。
・概念・制度の内容，趣旨，要件・効果を明示。
・その概念や問題について，法的な論点を示す。
・その論点に関する，代表的な判例・学説の内容に言及する。
・判例や学説の議論を踏まえた上で，自身の見解を示す。

　この構成要素を見ると，一行問題は，試験時間中に，ある論点について，その場でレポートを書くのと同じような出題形式だということがわかるかと思います。
　一行問題では，白紙に文章を書いていくため自由度が高いように感じられますが，それゆえに，法律的な論点とは全く関係のない文章を書いてしまう場合や，単なる感想文を書いてしまう解答が見られます。しかし，あくまで「法学の試験」で，出題されているということを忘れずに，論点を中心とした判例・学説の議論をしっかりと提示し，その上で，必要であれば，自身の見解を述べるということが重要です。

（3）事例問題
　論文式の問題のうち，法学に特徴的なものとして，事例問題があります。これは，具体的な（仮想）事件を読み，それを解決するための法・条文の内容を検討し，事例に当てはめて，結論を導くタイプの問題です。法律を実際に使えるようになっているかどうかが試される問題で，現在の司法試験の論文式問題はこの形式になっているほか，大学の試験でも，最もよく出題されるタイプの問題です。法律の知識と法的な思考をフル活用して解答する必要があり，一般的に難しいといわれるほか，多くの学生が苦手とするタイプの問題形式です。
　もっとも，「そもそも書き方がわかっていない」ということが苦手意識の主たる理由であることも多い印象です。したがって，その書き方についての「型」を身につけてしまった上で，それを適宜応用できるようにすべく，まずは，事例問題を解く上で，その書き方を身につけることが大切です。これについては，第10章で詳しく見ていきます。

138

第9章　法学の試験

③　試験勉強の方法

　大学における法学科目の成績評価は，学期中に小テストやレポートが付加されているケースはあるものの，基本的には，最終週に行われる試験で行われることが一般的です。一気に複数科目の試験に直面することになるため，日頃から，着実に自学自習して，対象の法律の知識を蓄えておくことが大切です。とはいえ，講義では，かなり広い範囲の内容を取り扱うことも少なくないため，ある種の試験対策が必要になるのが現実です。

　試験対策として，まずは，情報収集が重要です。大学受験でも「過去問」に取り組んだ経験のある人は多いと思いますが，大学の試験であれ，その他の試験であれ，まずは「敵を知る」ことは重要です。その科目の試験では，客観式問題が多いのか，事例問題が出るのか，問題の形式によって試験対策も自ずと変わってきます。また，どの点を重点的に勉強すればいいのかは，講義を聴いていれば自ずと分かるはずですので，受講生や友人同士で，情報交換をしておくと良いでしょう。

　そして，主要かつ基本的な法律用語の意味は記憶してしまうのが良いでしょう。学年が上がれば，基本的な用語はいちいち説明されません。試験前に集中して勉強することを機会に覚えてしまった方が長い目でみれば効率的といえます。

　また，条文の機能・趣旨，判例の内容は，条文を見ながら記憶と理解を図ります。条文は見ればわかるので，覚えておく必要はありませんが，「この制度は○条あたりにあったな」といった感覚は，試験で六法を使える場合には，かなり役立ちます。他方で，条文の（制度）趣旨などは，六法には書いていないので，ある程度覚えておくことが必要になります。その条文を見た時に，どんなケースを想定したルールなのかという典型例や，どのような法的問題があったか，関連する判例はどのようなものがあったかを思い浮かべられるようにしておくと良いでしょう。

　さらに，判例が条文のルールを具体化して，要件などを新たに立てているよ

139

第 I 部　法学学習編

うな場合は，その内容を記憶しておくことが必要になります。もっとも，判例の表現を一言一句記憶することはおそらく不可能なので，ルールとして重要なポイントについて，しっかり記憶するということになるでしょう。

4　法律は覚えるのではなく，理解するもの？

　筆者が学部生の頃，試験が近づいてきた時に，ある友人が，講義終了直後に，教員に対して「何を覚えれば良いですか？」という質問を投げかけたことがありました。それに対して，教員は「法律は覚えるのではなくて，理解するものだよ」と，やや困惑した表情で答えておられた姿を見たことがあります。私も友人も，はじめはその真意がよくわからず「ならば，何も覚えないでいいのか？　そんなわけないよね？」と，さらに困ってしまった記憶があります。教員となった今でも，このようなやり取りにしばしば遭遇します。

　ただ，冷静になって考えてみると，なんらかの物事を理解する上では，当然，一定程度の知識の記憶は不可欠です。例えば，数学の公式をとりあえず覚えて問題を解けるようにした経験をした方は多いでしょう。しかし，その公式がどういう意味を持っているか，どんな場面で使うべきものなのか理解していないと，難しい問題を解くことはできません。単純な記憶だけでなく，理解がないと，問題を解く上では，役に立たないということに気が付きます。

　それと同様に，とりあえず覚えるべきことは覚えつつ，その上で理解を深め，さらに理解した内容を基礎として応用力を培う，というプロセスが，法学の学習においても有効です。条文など，見ればわかるものはさておき，一定の内容については「記憶」もやはり必要です。

　「法律は覚えるのではなくて，理解するものだ」という前述の言葉は，受験勉強などを想定して，よくわからないけれども，とにかく全部覚えて，テストで吐き出してしまおうという学習スタイルに対する警鐘を鳴らすための言葉だったことが，今ではよくわかります。法学の試験に向けて勉強する上では，記憶も理解も，両方重要だということを，心がけておきましょう。

140

第 10 章
法律答案の書き方

　本章では，事例問題への解答である，法律答案の書き方を説明します。法律答案は，法学の試験やレポートで作成することが求められますが，多くの学生が苦労します。そもそも，法律答案とはどのような文章か，また，どのように作成するのかを，見ていきます。

① 法律答案を書くということ

1.1　なぜ，法律答案を書くのか

　法学の試験では「事例問題」がよく出題されます。事例問題は，具体的な仮想事件を読み，それを解決するための法・条文の内容を検討し，事例にあてはめて，結論を導くタイプの問題です。法学学習では，最終的に，抽象的な法（＝ルール）を，具体的に「使える」状態にすることを目指しますが，それができるようになるためには，事例問題を解いて，その解答を作成する訓練を積むことが，最も効果的です。また，事例問題の解答を作成できるかどうかは，その科目で取り扱った法分野について深く理解できているかを測る上でも効果的です。

　加えて，現実社会においても，ただ，条文の文言を知っている，判例の存在を知っているといった，単純な法律の知識を持っているだけでは，あまり役に立ちません。実際に法を使う職業に就く人はもちろんのこと，少なくとも，法学部で４年間学んだような方は，何らかのトラブルに直面した時に，法的な思考をめぐらせて，一定の解決策を提示したり，それを背景に交渉したり……という法の使い方ができるようになっていることが期待されます。直接に「法律」が問題にならなくても，何らかの「ルール」や「規則」に基づいた判断が

141

第 I 部　法学学習編

求められることは案外多く，その際も「文章」で表現する機会が多いと思われ
ます。このようにみてみると，法律答案を作成する経験は，社会に出てからも，
論理的な文章を書く上で，大いに応用することができるといえます。

1.2　法律答案の書き方

　もっとも，法律答案の作成は，多くの学生が，法学学習において「つまづ
く」ポイントでもあります。「一生懸命勉強したのに，いざ書こうと思ったら
書けなかった」「自分なりに書けたつもりなのに，いざ成績を見てみたら点数
が悪くて，がっかりしてしまった」という経験をする人も少なくありません。
これにより法学が嫌いになってしまうケースもあるので，深刻です。

　では，法律答案を書けるようにするためにはどうすれば良いのでしょうか。
まずは，法律答案（事例問題の解答）にもレポート・論文と同じく「型」がある
ことを知る，ということが大切です。法律答案の構成は，後で詳しくみますが，
基本は，すでに説明した「法的三段論法」であり，法律答案を作成する上では，
これをしっかり意識して書くことが重要です。

　また，高校までの社会科系科目などとは異なり，覚えたことをそのまま書き
連ねるのではなく，知識を使える状態にしておくために，普段，講義を聴く時
や教科書を読む際に，「具体的にはどういうことか」を常に意識して臨むこと
が効果的です。

　さらに，文章で表現すること一般にいえることですが，法律答案も，教員な
り試験の評価者なりの他人が読むものですので，適切に言いたいことが伝わっ
ているかを確認できるよう，書いたものを他人に読んでもらう機会を作るのも
良いでしょう。

　ただ，法律答案の作成は簡単ではないですし，法の知識も身につけながらで
ないと，書くことができない場合も多々あります。一朝一夕で書けるようにな
るものではないので，やはり一定程度時間をかけて，訓練することが必要にな
ることは否定できません。もっとも，訓練すれば訓練するほど，力がついてく
ることを体感できると思いますので，焦らず・諦めずに頑張っていきましょう。

1.3 事例問題に「正解」はあるのか？

ところで，しばしば「事例問題に『正解』はありません」といわれることがあります。これは例えば，「○○罪の成否を答えよ」と問われた際に，「有罪」「無罪」のいずれの結論をとっても問題ないことや，「～を請求できるか」という問題に対して，「請求できる」「請求できない」いずれの結論を支持したとしても，法的・論理的に整合性がとれていれば問題ない，ということを意味しています。つまり，結論については，出題者が想定した結論を選ばなければ「正解」にならない，と評価されてしまうわけではない，ということです。文章で答える以上，それぞれに表現は異なるので，唯一無二の「正解」を想定することはそもそもできません。また論争的な論点が取り扱われる問題では，どちらの結論でも採用できるし，その結論の選択も含めて，解答者自身の見解を説明してほしいと考えて，あえてそのような事例問題が出題される場合もあります[1]。

ただ，正解は存在しないにしても，「間違った解答」は厳然と存在します。例えば，適用条文が間違っている解答や，判例や学説の理解が誤っている解答，条文や判例・学説などが指摘されておらず，説得力がない解答などがこれにあたります。これらは，単純な知識不足ですので，着実に知識を蓄えることで，このような「間違った解答」を作成する危険は回避できるでしょう。

他方，法律答案の「型」を身につけていないために生じる「間違った解答」としては，法律上の議論を展開すべき一般論と（仮想事例の）事実を混同して記述してしまっている解答などがよく見られます。仮想事例に現れているトラブルを解決する結論を導くための一種の「作法」は守らないと，せっかく検討すべき内容を理解しており，一定程度は書けているにもかかわらず，「不適切な解答」として，低い評価をつけられてしまう可能性があります。

また，説明と結論がバラバラになるなど，論理的に破綻している解答も見ら

---

1) このような，判断が人によって分かれそうな微妙な事例を「限界事例」ということがあります。他方で，誰が考えても，概ね同じ結論が出るような事例を「典型事例」と呼びます。教科書などでは，基本的に「典型事例」の説明が中心になりますが，司法試験などの難関資格では，限界事例の問題が出題されることもあります。

第Ⅰ部　法学学習編

れます。こういった回答にならないように，法律答案の「型」をしっかり理解
して，法律答案作成の経験を積んでいくことが大切といえるでしょう。

② 法律答案作成の思考プロセス
──解釈を伴う回答の作成──

2.1　問題は何を問うているか確認する

　問題を見た段階でいきなり解答を書き始めると，文章の前後で矛盾が生じた
り，誤った解答を作成する危険がありますので，まず，その事例問題で答える
べき内容を確認します。

　刑事法の事例問題の「Ａの罪責は何か」という問題や，民事法の事例問題の
「Ｘは○○を請求することができるか」といった問題は，あたかも自分が裁判
官になって判断をするつもりで書くことになります。場合によっては，「あな
たが代理人だったら，どのような法的アドバイスを行うか」といった形で，当
事者や代理人の立場で論述を求められることもありますが，基本的な思考プロ
セスは変わりません。

　また，民事法の問題で，「ＸとＹとの法律関係について論ぜよ」といった問
題の出し方がなされる場合もあります。「法律関係って何？」と悩む方が多い
ですが，これは，「ＸとＹの権利義務関係を整理して，誰が誰に対して，どの
ような権利を主張できるか」という問題として読み替えて解答します。結局の
ところは「ＸはＹに対して何を請求することができるか」という問題と同様と
考えて差しつかえありません。

2.2　事例の分析

　次に，事例の分析を行います。刑事法の問題の場合は，事件の推移について，
時系列を意識しながら誰が誰に対してどのような犯罪に当たると思われる行為
を行ったか，民事法の問題の場合，誰が誰に対してどのような請求を行おうと
しているのか，といった観点で利害対立を分析します。そして，その関係につ
いて，矢印などを用いた簡単な略図をメモしておくことを，強くお勧めします。

144

第10章　法律答案の書き方

特に，登場人物が3人以上になる問題については，問題に解答するうちに，混乱が生じる場合が少なくないため，即座に確認できる略図を問題用紙の片隅に書いておくと良いでしょう。もっとも，メモを作るのに一生懸命になりすぎて解答時間をロスしてしまったり，かえって分かりにくいメモを作ってしまうと本末転倒ですから，あくまで解答を作る上で必要となる簡略なメモを作ればよいと意識しておきましょう。

　そして，事例問題を解く上で，必要となる条文を確定させていきます。この段階で，単純な問題であれば，条文に，仮想事例の事実を当てはめて，結論を出すことができますが，法解釈が必要になる問題では，法を適用する上で，「何法の何条のどの文言について問題があるのか」という「問題の所在」を発見する必要があります。これは，講義や教科書では，「論点」として説明されていることが多いでしょう。なお，ここで適用条文の選択を間違えてしまうと，これ以後，法律答案をいくら展開しても，間違った解答になってしまうため，ミスをしないように注意が必要です。

2.3　答案構成を考える

　問題の所在（論点）を発見したら，それに関連する判例や学説を整理します。試験であれば，この辺りは記憶を辿ったり，理解してきた内容を，メモに書き出していきます。レポートで事例問題に解答する場合は，資料を見ることができますが，いずれにせよ，答案で書かなければならないことを書き出していきます。この段階では，まだ解答用紙には書かずに問題用紙の余白などにメモを作っていきます。

2.4　法律答案解答の順序と内容

　書くべき内容を整理できたら，いよいよ文章の形にまとめていきます。法律答案は，問題提起（問題の所在）→大前提（一般論）→小前提（事実の当てはめ）→結論という順序で記述していきます。

145

第Ⅰ部　法学学習編

（1）問題の所在

　法解釈を伴う法律答案では，まず，そもそも何が問題となっているのかという事実認定を行い，その上で，解決のために選んだ条文と，その要件と効果を明示します。そのうちどの点が問題となるのか（問題の所在）を示します。ここでは，具体的な登場人物（AやX，甲や乙など）のどのような行為や権利主張について，法律上，どのような点が問題になるのかについて，簡単に触れることになります。

（2）大前提（規範の定立）

　次に，その条文の解釈に関連する判例や学説の議論を紹介しつつ，その事例問題を解決するためのルールの一般論を組み立てて，規範（ルール）の定立を行います。論点をめぐって議論がある場合は，最終的に，どのように解釈すべきか，という自己の見解も提示した上で，一般論を展開する必要があります。あくまで，ここでは，抽象的なレベルでの一般論を記述することとなるため，事例問題の登場人物は記述の中に出てくることはありません。

（3）小前提（事実のあてはめ）

　その上で，判例・学説の議論を踏まえて自分で定立した一般論（大前提）に，事例の具体的な事実をあてはめていきます。ここでは，具体的な登場人物が記述の中にも現れることになります。他方で，抽象論や解釈論が出てくることはありません。

（4）結論

　あてはめを終えたら，最終的に問われている問題に答えるために，「Aには○○罪が成立する」であるとか，「XはYに対し○○を請求できる」といった文章で，解答を締めくくります。

第10章 法律答案の書き方

2.5 チャートを見ながら実践してみよう

図10.1は，ここまでの思考・記述プロセスをまとめたもので，これに加えて，各項目で「よく使われる表現」を示したものです。

事例の分析（解答用紙には書かず，問題用紙などにメモ）	
1	事例をよく読んで，利害状況をまず図示する。
2	問題の所在がどこにあるのかを探る。 何法の何条が問題となっているのか（適用条文）を探す。←ミス注意!!

⇩

問題の所在	I	事例問題を解く上で，問題となる事実関係を端的に説明する。	本件では，Yによる○○という行為によって，損害を被ったとしてXが○○万円の損害賠償の請求を行なおうとしている。
	II	適用する条文で何が問題となっているか（＝論点）を問題提起する（複数ある場合は，①・②などナンバリングすると良い）。	本件の事実関係の下では，YがXに対し○○しており，この行為が◎法□条の「※※※」に当たると考えられるが，これの当否を検討する上では，Yによる○○が，①「△△」に当たるか，また，②「☆☆」に当たるかが問題となる。以下，順に検討する。
大前提（法規範）の定立	III	問題となる条文の要件・効果を確認する。	まず，①「△△」について検討する。◎法□条は「■■」と定めており，「▲▲」という効果を得るためには，「△△」の要件を満たす必要がある。
	IV	問題提起した要件（効果）について判例や学説で議論されている点を説明する（結論ではなく「なぜ」そう判断しているかを丁寧に記述する）。	この「△△」の要件については，解釈上争いがある。判例では△△を，××と解しているが，これは□□□□という理由に基づくものである。他方，●●との理由から▼▼と解する説も有力である。
	V	IVを踏まえて，自説を展開する。（いずれの立場をとるにしても「説得的な理由付け」をする）。	この点に関しては，「△△」の要件は××と解釈すべきであると考える。なぜなら◆◆だからである。
あてはめ	VI	事例に戻って，具体的な事実を，I〜Vで得た法規範に適用する。	以上を本件に当てはめると，本件では，Yによる○○という行為は，◎法□条にいう「△△」に当たるといえる。
結論	VII	結論を述べる。（問題に対応した解答を！）	よって，①・②の検討から，XはYに対して，○○万円を請求することができる／できない。

図10.1 事例問題解答の思考プロセス（チャート）

147

第Ⅰ部　法学学習編

　複数の論点を扱う必要がある場合は，論点ごとに，表のⅢ～Ⅵのパターンの記述を繰り返したり，逆に，法解釈を伴わない簡単な事例問題の場合は，表のⅣ・Ⅴが抜けるなどアレンジは必要ですが，これが基本的な解答作成プロセスです。事実認定（具体）→大前提の定立（抽象）→あてはめ（具体）→結論の流れを崩さないことを意識して，解答作成にチャレンジしてみましょう。

③　法律答案作成にチャレンジしてみよう

　法律答案の作成は，実際にやってみないと，なかなか感覚が掴めないのもまた事実です。ここでは，「民法総則」の基本的な問題を一問出題します。これを，先の法律答案解答作成のプロセスに沿って，実際に作成してみましょう。

〔設例〕A・B夫婦の子供C（17歳）は，Aが死亡した際，Aから相続した高級腕時計（3000万円）をDに売却した。Aは生前，会社を経営しており，現在はBがこの会社を継いでいるが，高級腕時計を売却する際，CはDを安心させるため，「会社で契約したい」と述べ，この会社の豪華な社長室にDを招き，その場で17歳であることを隠してBに無断で契約をした。その後，CはDに対して，自分は未成年なので，高級腕時計の売買契約を取り消したいと主張した。

【問題】上記〔設例〕の場合に，Cは，未成年であることを理由として高級腕時計の売買契約を取り消すことができるか。

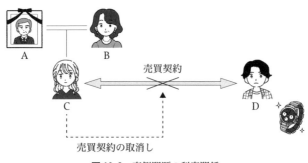

図 10.2　事例問題の利害関係

第10章　法律答案の書き方

　民法総則の比較的序盤に説明される内容に関する事例問題ですが，まずは，下記のヒントを手がかりにしつつ，六法・判例・教科書を用いながら，一度自力で解答を作成してみると良いでしょう。

回答作成のヒント
使う条文：民法5条，21条。
使う判例：最判昭和44年2月13日民集23巻2号291頁。
関連キーワード：未成年者，制限行為能力者。

　また，書き上げたら，表10.1の「法律答案解答のチェックリスト」を用いて，記述に過不足がないかをチェックしてみましょう。

表10.1　事例問題解答作成時のチェックリスト

	チェック項目		Check!
問題提起	事案に出てきた具体的な事実から法的に意味のある（＝法を適用して解決できる）問題が適切に拾い上げられているか？		□
	上記の事実を踏まえて問題の所在は何かを的確に提示できているか？		□
規範の定立	条文を正確に指摘しているか？（※条文丸写しではなく，要件・効果の形に分析した上で（○法○条）と付記する形にすると，まとまりが良い。		□
	条文を基に，規範を定立できているか？		□
	解釈が必要な問題の場合	必要な判例・学説が指摘されているか。※判例については，その内容を指摘すれば足りる。判例名や，判決年月日まで記載する必要はない。	□
		判例・学説を踏まえて，自説を展開し，規範を定立できているか。	□
	抽象的なレベルでの議論におさめられているか？（AやBといった事例の登場人物が登場したりしていないか？）		□
あてはめ	改めて，具体的な事実を抜き出して，その事実を，定立した規範に的確に当てはめているか？		□
結　論	問題に対応した解答が書かれているか？		□

149

第Ⅰ部　法学学習編

表10.2　事例問題参考回答とコメント

	回答例	コメント
問題提起	本件において，未成年者であるCは，Dとの間で締結した高級腕時計の売買契約を取り消すことができるか。以下，検討する。	
問題提起	本件におけるCのような未成年者は，原則として，単独で法律行為を行うことができず，有効に法律行為を行うためには，法定代理人の同意が必要となる（民法5条1項本文）。また，これに反する法律行為は事後に取り消すことができる（同2項）。	まずは未成年者取消権の原則をきちんと説明します。条文の指摘も忘れずに。
問題提起	しかし，未成年者を含む制限行為能力者が，行為能力者であることを信じさせるために詐術を用いたときは，その行為を取り消すことができないこととされている（民法21条）。	本件で問題となる民法21条のルールを明記し，検討に備えます。
問題提起	本件では，未成年者Cが，自らの年齢を隠してDとの高級腕時計の売買契約を締結していることから，この秘匿行為が「詐術」に当たるか否かが問題となる。	問題提起（論点）の部分。複数ある場合は，①②など番号を付し論点を明確化します。
大前提（法規範の定立）	この点に関して，民法21条にいう「詐術」は，制限行為能力者が，積極的に，自らが行為能力者であると信じさせる術策を用いた場合が典型例[1]とされているが，判例[2]上は，それに限らず，制限行為能力者が，ふつうに人を欺くに足りる言動を用いて相手方の誤信を誘起し，または誤信を強めた場合をも含むと解している。 　また，制限行為能力者であることを黙っていることそれ自体は，通常，詐術に当たらないものの，制限行為能力者の他の言動とあいまって，相手方を誤信させ，または誤信を強めた場合は，詐術に当たるとされている。これは，民法21条の趣旨が詐術を用いた制限行為能力者は民法5条2項の取消権による保護に値せず，むしろ取引の相手方を保護すべき，という点にあるところ，相手方を誤信させ，また，誤信を強めるような行為をした場合も，積極的術策を用いた場合と同様に，制限行為能力者よりも，相手方の保護を図る必要性が高いといえることから，民法21条の詐術にあたる，と考えられるためである。	民法21条の「詐術」の解釈をめぐる判例を説明しています。学説や判例を紹介するだけでなく，その理由付けはなるべく丁寧に説明します。 また，見解に対立がある場合は，どの見解を解答者自身が採用するか，理由を伴って説明します。
小前提（事実と	これを本件に当てはめると，Cは自らの年齢を隠した上で，Dとの契約を締結しているものの，この点に関する限りは「詐術を用いた」と評価することはできない。 　しかし，Dを信用させるために，通常，未成年であれば使うことのないような会社の豪華な社長室にあえて呼	問題文の事例に戻って，【大前提】で導き出した「法規範」に，事例を当てはめます。論理的一貫性があれば，結論はどちらでも OK です

150

第10章　法律答案の書き方

あ て は め	び，わざわざそこで契約を行うなど，Cは，行為能力者であるものと，相手方Dを誤信させる行為を行ったものとみることができる。結果として，Cは詐術を用いたと評価することができる。	（今回は，取消権を認めないパターンで書いています。取消権を認める論旨の展開も可能な問題です）。
結 論	以上から，CはDに対し，未成年であることを理由に，D・C間で締結された高級腕時計の売買契約を取り消すことはできない。	問題文に即した「答え」を記述して完成。

注1) 大判明治37年6月16日民録10輯940頁，大判大正5年12月6日民録22輯2358頁。
注2) 最判昭和44年2月13日民集23巻2号291頁。

　解答が完成し，チェックリストでの確認を終えたら，表10.2の解答例と見比べて，法律答案の書き方を改めて確認してください。この「型」に慣れるまでは，思考プロセスの表やチェックリスト，あるいは解答例を活用しながら，法律答案の作成を練習すると良いでしょう。

④　法律答案の練習方法

　法律答案作成は，大学の定期試験だけではなく，司法試験や難関の法律系資格の取得をめざす人にとって，避けては通れない課題です。その一方，講義を受けたり，教科書を読んだりしているだけでは，なかなかその訓練をする機会もありません。したがって，法律答案の作成を練習するには，自学自習の機会を別途作る必要があります。

　その際，役に立つのが，演習書と呼ばれる書籍です。これは，まさに事例問題の練習問題集で，事例問題とその解説がまとめられた書籍です。これを用いて，法律答案の作成を練習することができます。基本的なものとしては，『Law Practice○○法』シリーズ（商事法務）や，『○○法演習サブノート』シリーズ（弘文堂）が刊行されています。

　また，雑誌の『法学教室』にも毎号「演習」コーナーが設けられており，これを使って主要7法（憲法・民法・商法・刑法・民訴法・刑訴法・行政法）の事例問題演習をすることができます。

　なお，これらの演習書には，解説はあるものの，解答例までは載っていない

151

第 I 部　法学学習編

場合が多いため[2]，自分の書いた法律答案の良し悪しが，判断しにくいという問題があります。そのため，場合によっては，作成した法律答案を，ゼミの教員など比較的関係の近い教員に見てもらったり，あるいは，友人同士で勉強会を組んで，作成した解答案を持ち寄って，相互評価やコメントし合ったりするなど，他人の目を入れながら，自分の答案作成能力を高めていく工夫があっても良いでしょう。

---

[2] 基本的な内容を扱いつつ，解答例まで掲載されている書籍として，石田剛ほか『民法チェックノート』（有斐閣，2023年），岩川隆嗣ほか『民法演習——はじめて解いてみる16問』（有斐閣，2024年）があります。また，ハイレベルな内容ですが，長文の事例問題を扱いつつ解答例まで掲載されている演習書として『〇〇法演習ノート』シリーズ（弘文堂）があります。

第Ⅱ部　大学生活編

第11章

大学の講義と卒業

　大学の講義を受けてみると，高校までの講義とはずいぶん趣が異なることに驚くことでしょう。とくに入学当初は，それに慣れるのに苦労します。そして「この講義についていけるだろうか」「卒業できるのだろうか」と不安に感じることも少なくありません。本章では，その不安を払拭すべく，大学の講義の特徴や，大学生にとっては，差し当たりの目標となる，大学卒業のシステムについて見ていきます。

1 大学の講義スタイル

　大学の講義は，大規模な教室で，教員はマイクを使って講義を行い，ずいぶんと距離感があります。教科書が指定されていても図表がたくさんあるわけでもない「本」がそれになっていたり，そもそも教科書が指定されていなかったり，資料が配布されたり，されなかったり，一方的に説明される内容を聴く講義もあれば，講義中にいきなり隣の人と議論させられたりする講義もあったり……と，講義毎に進め方も，教材もバラバラです。さらに，最近では，オンライン講義の活用機会も増加しており，学生は，それぞれの講義のやり方によって，受講の仕方を工夫する必要があります。

　なぜ，ここまで講義のやり方がバラバラになってしまうのかというと，大学の講義は，高校までの授業と異なり，国の検定を受けた教科書や，学習指導要領といったものがないこと，決まったスタイルがないこと等がその要因かと思います。また，大学で教鞭をとる研究者教員の大半は，講義のやり方を教えてもらったこともありません。講義の内容も，他の研究者の書いた定評のある書籍をベースにしながらも，各教員が一から構築している場合がほとんどです。

154

良くも悪くも，その教員の個性が全面に表れることになります。教員個々人も，「関心を持ってもらえるように」とか，「確実に理解してもらえるように」と工夫はしていると思われるものの，教えることのプロではない大学教員の講義に，それなりの驚きを覚えたのではないかと思います。

2 大学の講義の受け方

　大学の講義の受け方は，高校までの授業と比べて，主体性が求められることになります。少人数の講義やゼミでは，積極的に発言したり，議論に参加することが大切です。大規模な講義でも，ただ聴いているだけではなく，自分の理解を深めるために聴くという意識を持つことが良いと思います。もっとも，大学の講義を聴くだけで，その内容を100％理解できる人は，まずいません。講義内容を確実に理解し，知識を定着させるためには，教科書をあらかじめ読むなど，予習も必要になりますし，その後の復習に使うために，講義中のメモ取り（ノートテイキング）が重要です。特に法学は，それぞれの科目で提供すべき情報が多いために，学生側も，受講姿勢を工夫する必要があります。

　法学部の講義は，概ね次のようなパターンが多いと思われますが，それぞれ

表11.1　講義スタイルとノートテイキング

講義スタイル	ノートテイキングをする際の留意点
口頭講義のみ	①とにかく教員の講義内容をメモする。 ②聞き逃したり，わからなかったりした点は印をつけておき，後で確認。 ③講義の後に，ノートを整理し直して復習。参考書も参照すると良い。
板書＋口頭講義	①板書と教員の講義内容をメモする。 ②板書を写すだけでは不十分。板書以外をどれだけメモできるかが重要。
教科書＋口頭講義	①教員の講義を教科書に追記していく（本に書きたくない人は付箋など）。 ②教科書に書ききれない分は自分のノートに書き込んでいく。
レジュメ＋口頭講義	①教員の話をレジュメに追記していく。 ※レジュメがあれば，ボーッと聴いていても大丈夫というわけではない。レジュメに追記をして，オリジナルのノートに育てていくことが肝心。

155

第II部　大学生活編

の講義スタイルに合わせて，表11.1にノートテイキングの際の留意点をまとめてみました。

2.1　口頭のみ

口頭のみで講義を展開する教員は，最近，ずいぶん減った印象ですが，この場合は，講義中はひたすらノートをとって，後から整理するということになるでしょう。近時は，スマートフォンの録音機能や，文字起こしアプリなども発展してきているので，これを活用するのも手です。

ただ，経験上，たいていの場合，録音を聞き返すことはないので，講義中の自分の集中力を信じてノートを取る方が，結果的に効率が良いように思われます。教科書が指定されている場合は，それを手掛かりにすると良いでしょう。

2.2　板書＋口頭講義

口頭講義を中心としつつ板書も行われる講義で気をつけるべき点は，板書を写すだけで満足してはいけないということです。というのも，大学教員は，高校の先生のように，美しい文字で懇切丁寧に黒板やホワイトボードに板書をしてくれることは，多分ありません。キーワードだけ書いたり，事例の略図を書いたり，といった程度で，板書自体が，そこまで意味をなさないパターンが割と多いためです。やはり，教員が口頭で説明していることに重要なポイントがありますので，それに注意深く耳を傾けて，ノートを取ることに集中しましょう。

2.3　教科書＋口頭講義

教科書を利用しつつ口頭での講義が展開される場合は，予習がしやすいという利点があります。講義前に講義予定範囲の予習をしておいて，講義中は，教員の説明や強調していた点などをメモしていきます。また，予習している場合は，予習時点でわからず，講義を聴いてもわからなかった場合は，講義後に直接教員に質問することもできるでしょう。

156

2.4 レジュメ＋口頭講義

　最近，もっとも多いパターンが，教員の用意したレジュメを用いながら講義が展開されるパターンです。紙媒体，または文書データのレジュメや，パワーポイントなどのスライド配布資料が配られ，それに則して講義が行われる形式です。これに加えて，教科書が指定されている場合も多いでしょう。レジュメや配布資料があると，ノートをとるのも楽ですし，講義も聴きやすくなると思われます。

　もっとも，レジュメがあるから安心というわけではありません。というのも，ひとくちに「レジュメ」といっても，この作成方針は，教員によってバラバラだからです。たとえば，レジュメについては，次のような考え方がありうるところです[1]。

・講義で話す内容の大きな流れのみを記載したレジュメ（目次のようなレジュメを配布）。
・教科書に書いてある重要なところを抜き出したレジュメ。
・教科書に書いていない内容を補足するためのレジュメ。
・講義中に書き込むことで内容が完成する形のレジュメ。
・講義があとから再現できる程度の内容を記述したレジュメ。
・教科書・体系書の出版を見越した詳細なレジュメ。

　どれにも一長一短あると思いますが，最終的には，その科目の講義内容を理解することが目的となるので，それに配布された「レジュメ」が活用できるならば活用していけば良いでしょう。

　レジュメがあると，なんとなく安心して，講義をボーッと聴いてしまったり，教科書を読むのを怠ったりしてしまう傾向がありますが，教員のレジュメ作成

1）実際に，レジュメ＋口頭講義で実施している教員に聞いた内容に基づいています。もっとも，他にもさまざまな考えで「レジュメ」を作成されていると思われますので，あくまで一例です。

第Ⅱ部　大学生活編

方針を見極めて，学習方法やノートテイキングの方法を調整していくことも必要です。

③　オンライン講義と対面講義

　2019年以降の新型コロナウイルス感染症の蔓延に伴って，大学は急遽「オンライン授業」の実施を余儀なくされました。大規模講義では，動画の作成が求められ，ICT慣れしていない教員からは，悲痛な叫びが聴かれたところです。筆者も当初は戸惑いましたが，これを機会に，動画作成・編集技術を習得できたこと，自分の講義内容を見直すことができたこと，結果的に研究に充てることができる時間が増えたことなど，様々なメリットがありました。

　講義内容についても，同じ90分でも，動画を作成するのと，対面で実施するのとでは，動画の方が，情報量を増やせることもわかり，内容の充実を図ることもできました。学生にとっても，登校しなくて良いという物理的メリットだけではなく，場合によっては提供動画を倍速で見たり，繰り返し見たりと，熱心な学生にとっては，理解の進度にあわせて受講できることや，障碍のある学生からも講義が受けやすくなった，と歓迎する声も多かったように思います。

　コロナ禍も収束を見せて，大半の大学は，対面講義に回帰しています。通信制の大学ではない限り，対面講義が中心になることは当然としても，オンライン講義のメリットは生かしつつ，柔軟な講義運営はできないだろうか，と思うところです。

　もっとも，対面講義で学生の反応を見ながら進めたり，直接の質問を受けたり，（実は無駄ではない）「無駄話」をできる対面講義もまた，大切な機会だと再認識しています。講義のやり方も，少しずつ変化があるかもしれません。

④　大学における教科書と参考書

　大学における教科書は，高校までのそれとは異なり，必ずしも教員が指定し

158

第11章　大学の講義と卒業

た教科書を利用しなければならないわけではありません。特に，法律科目はその傾向が顕著です。そうなると，そもそも教科書は購入すべきか，という問題が生じます。教科書といえども，法学の書籍は専門書ですから，決して安価ではないので，購入を躊躇することもあるかもしれません。

　基本的な考え方としては，シラバスに，**教科書**と書かれているものは購入する方が良い，ということになります。もっとも，法律学の場合，同じ科目名であれば，他の著者の書籍でも問題がない場合が多いといえます（第6章参照）。また，講義スタイルによっては，あくまで教科書は自学自習用に指定しているだけで，講義中には，教科書を使わないという場合もあります。そう考えると，シラバスを見て，慌てて教科書を買うのではなく，講義に出てみてから教科書を選ぶという順序でも決して遅くはありません。

　他方，**参考書**としてシラバスに提示されている書籍は，一旦講義に出席して，教員の指示を受けてから購入するか否かを決めるのが無難です。高校までの「資料集」のような使い方をするというよりは，文字通り，講義を作るにあたって「参考にした書籍」として紹介している場合や，より入門的な書籍や，より高度な学習を求める学生が参照すべき書籍として紹介している場合など，参考書として示している理由は様々です。参考書は，慌てて買わない方が良いでしょう。

◦ コラム④ ◦　　　　　　　教科書・参考書を全て購入した筆者の失敗と挽回

　筆者が大学に入学し，右も左もわからない時に，オリエンテーションで配られた「教科書カタログ」に書かれていた教科書・参考書を全て購入するという「失敗」をしました。後から，本文で説明したような事情を知り愕然としたのを覚えています。しばらくは，使いもしない本にお金を使ってしまったことに腹を立てていたのですが，せっかく買ったのだから，ちょっと読んでみるか，と1冊を手にとって読んでみたところ，講義で説明されなかった内容なども詳細に書かれており，かつ，自分にとっては文章もわかりやすく，結局，主として使う教科書をその本にしてしまった，ということがありました。

　また，別の参考書は，学年が上がってから，関連分野のレポートを書く上で，大変重宝したということもありました。担当教員も，決して無意味に「参考書」を指

159

第Ⅱ部　大学生活編

定しているわけではないことが，後になってよくわかったという経験です。

　教員になってから，参考書を指定するときは，過去の自分の失敗を踏まえて，シラバスには「講義内で別途紹介する」と記載するようにしていますが，見てほしい・読んでほしい書籍はたくさんあります。ぜひ，関心を持った科目では，「参考書」も手に取ってみてください。

⑤　単位認定と成績

5.1　単位認定の方法

　法学部における単位認定は，伝統的に「試験」で行われることが多いといえます（第9章参照）。そのため，普段から学習を進め，試験をパスできるよう学習をすすめることが重要になってきます。最近では，「一発勝負の試験ではなく，多様な評価を」ということが，大学の成績評価のあり方として語られることもありますが，そのことと，「試験」を実施することとは両立する話で，依然として，法律科目における成績評価の中心が「試験」となることは間違いありません。

5.2　レポートと不正行為

　もっとも，法学も含め，大学ではレポート・論文で，成績評価をすることもしばしばあります。その際，気をつけなければならないのが，レポート課題等の不正行為です。インターネットの普及や Word などでレポート等を執筆することが通常の現在，コピペなど，不正に手を染めやすくなっていますが，ほぼ例外なくコピペ等の不正行為はバレます。というのも，大学教員の本業は，研究であり，その過程で，学部生が見そうな情報は，ほぼ調査済み，ということがほとんどだからです。提出の締め切りが近づいてくると，つい焦って，不正に手を染めようとする誘惑に駆られますが，絶対にやめましょう。大学の規則にもよりますが，多くの場合，その科目の単位認定はおろか，同時期の科目全ての単位認定が取り消されたり，停学処分を受けたりなど，重大な不利益を

160

被る危険性があります。結果，その一回の不正で留年が確定することも少なくありません。高校までの取り扱いと比べて，この点について大学はシビアです。また，試験におけるカンニングも，同様ですので，十分留意しておきましょう。

　なお，法学のレポート・論文は，例えば，判例の判旨の引用や，学説の直接引用など，誰が書いても同じになるところはありますが，その場合でも，きちんと「引用」や「出典表記」のルールを守る必要があります（第8章参照）。これらを守らないと，思いがけず，不正を疑われる可能性もありますので，注意が必要です。

5.3　成績（GPA）

　高校までと比べると，大学では，単位を習得できたか否かが関心事となり，成績評価や点数に一喜一憂することは少なくなるかもしれません。実際，卒業に必要なのは，単位修得数で，成績評価は，あまり問題になりません。

　ただ，成績評価との関係で，多くの大学が採用している GPA（Grade Point Average）については，少々，気にしておいた方が良いかもしれません。これは，学生が履修した科目の成績を点数化し，その合計点を履修登録した単位数で割り算した，いわゆる1単位あたりの平均点のことをいいます（表11.2）。

表11.2　GPA 制度とその計算方法

得　点	評　価	GP
90–100点	S	4.0
80–89点	A	3.0
70–79点	B	2.0
60–69点	C	1.0
60点未満	D	0

　大学によって，評価のA・B・Cの表記については，若干の違いはありますが，次のような計算式で算出します。

第Ⅱ部　大学生活編

履修した科目のうち，

$$\frac{（Sの数）×4.0＋（Aの数）×3.0＋（Bの数）×2.0＋（Cの数）×1.0}{履修した科目数}＝GPA$$

　GPA は，最大で4.0となるため，これに近い点，一般的には3.0を超えていれば，「優秀な学生」とみられることになります。GPA は，現状，そこまで重視されていませんが，奨学金の認定基準や，成績優秀者表彰の指標として使われています。逆に，1.0を下回るなど，あまりにも GPA が低いと「成績不振者」として，指導や退学勧告の対象になってしまう可能性もありますし，ゼミなどの選考を伴う科目では，履修ができなくなるなど，不利益を被る可能性があります。

　また，将来的に留学を考えている学生は，GPA を上げておくことは必須です。学部在学中はもちろんのこと，卒業後，一念発起して，海外留学をしようと考えた場合，大学卒業時の GPA は，極めて重要な意味を持ちます。希望する大学に留学するためには，一定の GPA をとっていないと，そもそも，門前払いされてしまう場合も少なくありません。そして，これは，日本国内の大学のレベルにかかわらず，同一の指標として用いられます。

　そのほか，大学院への進学に際しては，GPA によって，試験科目の免除が受けられたり，現状，あまり多くはありませんが，就職に際して GPA を採用の際に参照する企業もあるようです。いずれにせよ，単位習得だけではなく，成績（GPA）も，特に進学・留学などを考えている学生は，なるべく高く維持できるよう，努力が必要です。

第 12 章
大学教員へのアクセス

　大学生にとって，大学の教員は，高校までの先生とさして変わらない存在に見えているかもしれません。しかし，職員室に行けばいつでも会えて，質問や勉強の相談に親身になってくれる高校までの先生とは異なり，せいぜい週一回講義の時に会う以外は，一体何をしているのか，実態がよくわからない存在かもしれません。講義の時以外は，何をしているのか，どこにいるのか，はたまた，どうコミュニケーションを取れば良いのか，ここで少しご紹介します。

① 大学教員という職業

　高校までの先生は，教えることが主たる仕事の「教師」であるのに対し，大学で教鞭をとる大学教員は，通常「研究者」です。したがって，大学教員の主たる業務は，研究です。具体的には，研究論文の執筆，学会や研究会への参加や研究報告等です。もちろん，講義やゼミなどの教育も重要ですが，大学教員の業務の中でのウエイトは，実はそこまで大きくありません。それに加えて，学内行政といわれる，大学の管理運営にかかる業務があります。そのほか，人によっては，行政機関の外部委員や，メディア出演といった社会貢献に取り組む教員もいます。

　かつては，もっぱら研究に勤しみ，その片手間に教育をしていればOKという，研究者としては羨ましい時代があったようですが，最近では，教育も重視されてきており，筆者自身も重要だと考えています。ただ，ここまでであれば，自分の専門性を生かせる仕事なので構わないのですが，近時は，大学によって程度の差はあるものの，学内行政にかかるブルシット・ジョブ[1]が増加

---

1)「ブルシット・ジョブ」とは何か，関心のある方は，酒井隆史『ブルシット・ジョブの謎――クソどうでもいい仕事はなぜ増えるか』（講談社，2021年）を読んでみてください。

163

第Ⅱ部　大学生活編

し続けており，研究や教育など，本来力を入れるべき仕事の時間が圧迫される傾向にあり，問題視されています[2]。

　学生目線からすると，せいぜい，週１回１コマしかお目にかからない先生なので，それ以外の日は暇しているのではないか，と思われたり，いわゆる９時〜17時の生活をしているわけではないため[3]，一般の方からも「楽そう」という謗りを受けたりすることがありますが，実は，表に見えない業務が多く，また，かつてほど，研究に打ち込める時間は少なくなっているのが実態です。

② 大学教員の属性

　大学で講義を行う教員は，大きく分けると専任教員と非常勤教員に分かれます。専任教員は，その大学に所属する教員で，研究室もその大学に構えています。他の学部に所属する教員も講義を担当することがあります。専任教員だけで講義を全て提供できることが理想ですが，現実的にはそれは難しいため，他大学に所属する教員や，法律学の場合は，弁護士や裁判官などの実務家が非常勤講師として講義を担当する場合もあります。何らかの事情で，専任教員で講義が賄えない場合のピンチヒッターといったところです。その他，特別な科目では，研究者ではない社会人等を講師として迎えたり，研究者の卵である大学院生を，講義や講義の補助担当として迎える場合もあります。

③ 大学教員の職位

　大学の専任教員には，助教・講師・准教授・教授という職位があります。これは，基本的に，研究業績と職歴に応じて昇進していくことになります。理系

---

2) この問題は，小・中・高校でも同様に生じており，本来，教員は子ども達の教育に一番に取り組むべきであるにもかかわらず，書類仕事や付随業務などに苛まれて，教育に充てる時間が減少しているといわれています。
3) 多くの場合，大学教員は，専門業務型裁量労働制（労基法38条の３）という形態で働いています。

第12章　大学教員へのアクセス

の研究室の場合は，一つの大きな研究室に，教授をトップとして准教授や助教，そして大学院生や学部生が所属して，一つのチームを形成している場合が多くありますが，法学の場合は，基本的に教員の個人稼業のため，1人で研究室にこもって研究をしており，職位によって役割が異なることは，ほぼありません。もっとも，助教は「助手教員」のため，担当できる職務が限られていたり，逆に，教授は，一般企業でいうところの「部長クラス」に当たるため，学内行政で担う職務が増えたりするという違いはあります。

　ところで，よくドラマなどでは，ある大学教員を呼ぶ時に，「○○教授！」であったり「○○准教授！」と呼んでいるシーンが見られますが，大学教員を名前＋職位で呼ぶのはやめましょう。というのも，先にも述べた通り，職位は基本的に研究業績で決まるため，研究業績が多い優秀な研究者であれば，若くして教授になる人もいます。他方，研究スタイルによっては，大器晩成で昇進のスピードがゆっくりの研究者もいます。そうすると，壮年の教員でも准教授だったりすることは珍しくありません。そのため，講義で出会う教員が，どの職位にあるのかは，一見するだけでは分かりません。誤って，准教授の教員に「○○教授！」と呼びかけて，ムッとされた，という話もよく聞く話です。まして，いちいちその人を呼ぶために，その教員の職位を調べる必要もないわけですから，大学教員を呼ぶときは，「○○先生」と呼びかけるのが，もっとも角が立たずに済むかと思います。

　その他，よく聞く職位として，名誉教授という肩書きを持つ人がいますが，これは，長期にわたって同じ大学に教授として奉職した人に与えられる名誉称号で，この称号を持つ人は，その大学での職務は引退していることがほとんどです。

　また，客員教授は，一定期間，非常勤の形で教授としての役職を担う教員で，優れた研究業績をもつ人や著名人などを雇い入れる場合に，この称号が使われます。さらに，特任教授は，任期付きで一定期間，専任教員として研究・教育に携わる大学教員です。

165

第Ⅱ部　大学生活編

④　大学教員へのアクセス

　大学の専任教員の職場は，基本的には，研究室です。しかし，法学者は，理系の研究者とは異なり，実験設備などを必要とせず，文献に基づく研究が中心です。そのような研究の性質上，勤務時間中，ずっとそこにいるわけではありません。研究や論文執筆等，もっともパフォーマンスが上がる場所というのは，研究者によってまちまちで，ずっと研究室にこもって仕事をする人がいる一方で，講義や学内行政の業務がない限り大学には来ず，もっぱら自宅で研究や論文執筆を行っている人も少なくありません。

　高校の教員のように，職員室に行けば会えるわけでもなく，そもそもどこにいるのかわからない大学の教員に質問や相談をするのは，少し大変です。そのため，質問・相談をしたい場合は，講義終了後，その場で捕まえる，というのが一番確実です。あるいは，講義中に指示のあった方法で連絡を取った上で，質問等を受け付けている教員も多いでしょう。その他，一般的には，教務の事務室を通じて，教員との連絡を仲介してもらう方法もあります。

　また，最近では，大学が，**オフィス・アワー**という形で，各教員が学生相談用の時間として「空きコマ」を用意し，その曜日・時間帯・場所を開示するようになっています。形式的には，オフィス・アワーとして設定している時間・場所に行けば，大学教員に会うことはできることになっています。もっとも，大学教員は，急に仕事が入ったりすることもある上，オフィス・アワーを活用する学生は少ないのが現実なので，オフィス・アワーであっても，個別的な質問や相談をしたい場合は，あらかじめアポイントをとるのが確実です。

　加えて，演習やゼミといった少人数科目では，教員との距離がずっと近くなります。教員のキャラクターにもよりますが，学習相談や進路相談については，それなりに親身になって話を聞いてくれるはずです。場合によっては，そこから適切な相談相手や窓口を紹介してもらえる可能性もありますので，ゼミの担当教員とは，コミュニケーションの機会を増やしておくと，教員へのアクセス

166

第12章　大学教員へのアクセス

はしやすくなるでしょう。

⑤　メールの書き方を知っておこう

　教員と直接やりとりをする際，教材配布などを行う学習管理システム（LMS〔Learning Management System〕）があれば，それを通じて行うこともできますが，基本的には，メールでのやり取りが多くなると思います。また，今後，就職活動を行う上でも，メールを活用する機会は増加しますのでメールの書き方を知っておく必要があります。その際の注意点について見てみましょう。

　注意すべき点は，**送信元**，**題名**（**件名**），**宛名**，**署名**です。これらの情報を書かずに，用件だけを書いてくるメールがたまに送られてきますが，大学教員を含む社会人は，日々大量のメールを処理しているので，こういったメールが送られてきた場合，最悪，無視される可能性があります。

　特に，**送信元**は，プライベートで使っているメールを使ってしまったために，送信者がハンドルネームのメールが届いたり，親御さんの名前で送られてくることもあります。これは，大学から支給されるメールアドレスを使うことで回避できます。

　また，**題名**は，忘れがちですが，端的に用件（可能ならば名前）も書いておくと，教員も素早く対応してくれる可能性が高まるでしょう。逆に「件名なし」のメールは，読んでもらえない可能性があります。

　そして，**署名**も重要です。署名機能を使い，氏名や所属先，学籍番号などを予め設定しておけば，送信メールに自動でこれらの情報が挿入されます。そのため，本文に自分の情報を書き忘れてしまった場合であっても，受け取った側の教員は，誰が送ってきたかを把握できます。大学のメールアドレスの設定項目で，いますぐ設定することをお勧めします。

　本文については，丁寧な文章で書くことを心がければ，基本的に問題はありませんが，案外，形式的な情報の記入漏れや設定ミスが見られますので，今のうちから正しいメールの書き方を理解しておくと良いでしょう（図12.1）。

第Ⅱ部　大学生活編

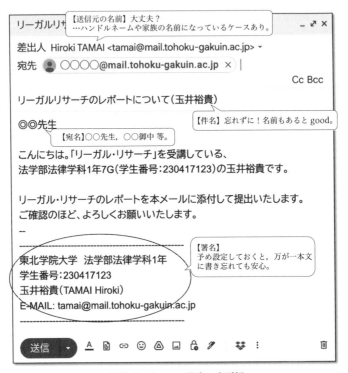

図12.1　メールの設定・文面例

　とりわけ，留意しておくべきことは，メールはあくまで手紙の代替手段で，メッセージアプリの代替ではない。ということです。極端な場合だと，メールの本文に「ありがとうございました！」とだけ書かれたメールや，もっと酷いものとしては，レポートらしき"添付ファイル"のみを送りつけてくるものもあります。このようなメールは絶対に送ってはいけません。特に添付ファイルのみを送りつけてくるメールは，迷惑メール・ウイルスメールとして削除される可能性が高いですので注意してください。

　そして，メールの一般的なマナーとしては，送りっぱなしも避けましょう。しばしば，1.5往復を意識する，といわれますが，例えば，学生から質問や連絡をした場合は，「学生からの連絡→教員の返信→学生からの応答・お礼」と

第12章　大学教員へのアクセス

いう流れを，基本と考えておくといいでしょう。もちろん，メールもコミュニケーションのひとつですから，形式的にこれを守らなければならない，というわけではありませんが，少なくとも学生から連絡をして，教員から返答があった場合については，それに対して何らかの反応をする（スルーしない）というのは最低限のマナーかと思います。というより，返答が適切なものであったか，あるいは，きちんと返信が届いているか，不安になりますので，反応があれば，教員側も安心です。

・コラム⑤・ 研究者を目指す

　筆者自身は，多くの出会いに恵まれ，研究者として大学に職を得ることができました。これは本当に運がよかったと感じています。なぜなら，研究者として大学に職を得るためには，研究を行い，論文を執筆し，それを公表するだけではなく，大学の「ポスト」が空かなければならないという事情があるためです。分野によっては，研究者としてのポストが限られており，長期にわたって，大学院生を続けたり（オーバードクター），任期付きの研究員（ポスドク）として研究を続けざるを得ないなど，経済的に不安定な状況におかれる可能性もあります。そのような現実を目の当たりにして，研究者を志望する学生は，大きく減少しているのが実態です。

　しかし，研究者は，自身の問題意識に基づいて研究を行い，それを論文の形で公表して世に問いながら社会に貢献できること，また，研究や教育を通じて他の研究者や学生と深く知的なコミュニケーションができること，自身の裁量で仕事を行える範囲が比較的大きいことなど，多くの魅力があるように思います（もちろん，ブルシット・ジョブも多いですが……）。

　研究者の置かれた現実からは，研究者という仕事を，手放しに勧めることはできませんし，職業の性質上，その適性も問われるところです。ただ，もしも，研究者という仕事に魅力を感じたならば，ゼミの教員や関心を持った分野の教員等に，早めに相談してみると良いでしょう。

第 13 章
大学図書館の使い方

　大学生の大きなメリットの一つは，大学図書館を手軽に利用できるようになることです。基本的には，その大学の学生や教員しか利用しないため，勉強する場所として最適な上，国内外を問わず，その分野の専門書や雑誌が数多く所蔵されています。図書館をフル活用できれば，大学生活や学修活動は，より豊かなものになるでしょう。本章では，大学図書館の基本的な使い方を見ていきます。

1 大学図書館を活用しよう

　大学に入学して，もっとも大きなメリットの一つは，大学図書館を使うことができる点です。各自治体にも，県立図書館や市立図書館があり，実際に，本を借りたり，勉強しに行ったりした経験のある方も多いでしょう。これらの自治体の図書館は，ベストセラー小説や一般向け図書など，市民が読みたいと思う書籍や郷土資料などを多く所蔵しているのが特徴です。

　他方で，大学図書館は，自治体の図書館には所蔵されない専門書が豊富に配架されています。普通はお目にかかれない貴重な資料が所蔵されていることもあります。まさに，**専門書の宝庫**ですが，これを，学生であれば，基本的に読み放題です。法学も含め，専門書は一般に高額ですが，個人では購入できないような高額書籍や資料も所蔵されているだけでなく，さまざまな**専門データベース**にもアクセスできるようになっています。ちなみに，大学にもよりますが，学費の結構な部分が，図書館の図書予算に充てられている点は，学生として知っておく必要があるでしょう。

第13章　大学図書館の使い方

2　書籍の検索方法

　大学図書館での書籍の検索は，各大学図書館の蔵書検索システム**OPAC**（Online Public Access Catalog）を利用します。そこで，配架場所と**請求記号**をメモして，その書架に行きます。請求記号は，本の背表紙に貼り付けられたラベルに記載されています（図13.1）。

図13.1　請求記号の見方

　請求記号は，「324/R39d」「324/M47s」……といった記載になっていますが，書架から探す時には，最初の3ケタの数字に注目します。この数字は，**NDC（日本十進分類法）**と呼ばれる分類法に基づく数字で，全国のほとんどの図書館が，本棚の並び方のルールとして採用しています。法律関係のNDCの番号は，図13.2のとおりです。

10区分	
000	総記
100	哲学，思想
200	歴史，地理
300	社会科学
400	自然科学，医学
500	技術，工学
600	産業
700	芸術・美術，スポーツ
800	言語
900	文学

100区分	
300	社会科学一般
310	政治
320	法律
330	経済
340	財政
350	統計
360	社会
370	教育
380	風俗，民俗学
390	国防，軍事

1000区分	
320	法律
321	法学
322	法制史
323	憲法
324	民法
325	商法
326	刑法，刑事法
327	司法，訴訟手続法
328	諸法
329	国際法

図13.2　NDCにおける法律関係書籍の分類

第Ⅱ部　大学生活編

法律関係の書架には，320番台の数字が割り当てられていますので，特定の資料ではなく，「何か，刑法の良い本はないかな」「関連する本はどんなものがあるかな」という時には，320番台の書架を探索してみると，思わぬ本との出会いがあるかもしれません。

③　雑誌の検索方法

雑誌については，OPAC で配架場所を検索し，その書架に行って目的の巻号を取得します。雑誌は，新しいものについては，雑誌コーナーなどに1年分程度が配架されていますが，通常，古くなった巻号（バックナンバー）については，数冊がまとめられて，ハードカバーに製本され，閉架書庫などに保管されます。

④　図書館カウンターを利用しよう

大学での学びを充実させる上では，大学図書館を十分に使って，自力で資料に当たることができるようにしておくことが理想です。もっとも，大学図書館の利用に慣れないうちは，OPAC を使っても目的の資料が出てこないということもあります。そのような場合は，図書館カウンターに相談すると良いでしょう。図書館のカウンターには，本の専門家である，**図書館司書**がおり，書籍資料の検索などに力を貸してくれます。ただし，司書は，あくまで本や資料全般の専門家で，法学に特化しているわけではありません。司書に聞いても目的の資料が見つからない場合は，研究者である科目担当教員に尋ねる方が良い場合もあります。

そして，OPAC で検索したものの，その大学図書館に目的の資料が所蔵されていない場合も，図書館カウンターに相談しましょう。大学図書館は，全国の大学図書館と連携しており，他大学の図書館には目的の資料があるという場合，書籍などの現物を取り寄せたり，該当部分のコピーを取得してもらったり

第13章　大学図書館の使い方

できるサービスが提供されています。送料やコピー代など一定の費用はかかりますが，地方の大学など，近隣に目的の資料を所蔵している大学図書館がない場合は，非常に重宝するサービスです。自分の大学の図書館に所蔵されていないからといって諦めず，図書館カウンターに相談してみましょう。

5　閉架書庫に行こう

　大学図書館は，学生の参照頻度の高い書籍や，最近発行された雑誌や新聞などが配架されている**開架**と，あまり参照頻度の高くない書籍や，もっぱら研究用途で購入・保存されている書籍・雑誌のバックナンバーが配架されている**閉架**があります。閉架は，通常，図書館のカウンターで入庫手続をしなければ入ることはできませんが，ぜひ，早いうちに入ってみましょう。開架の何倍もの資料が保存されており，和書だけではなく，洋書や洋雑誌など，豊かな世界が広がっています。洋書の専門書は，学部生が読む機会は少ないかもしれませんが，一度は，見てみると良いでしょう。手に取ってみるだけで，なんとなく自分が賢くなったような気分を体感できるかもしれませんし，数年後，その資料を実際に読むことになる日が来ないとも限りません。そのような資料との不思議な出会いができるのも，大学図書館，とりわけ閉架の魅力です。

　閉架は，特に，卒業論文を書く際には利用することが増えますし，大学院に進学するなど，研究に取り組むことになれば，利用頻度はさらに高まります。また，試験前など多くの学生が図書館にやってくるときでも，閉架は，ほとんど人がいません。勉強に集中するための穴場スポットとしても閉架は活用できる場合があります。ただし，大学図書館によっては，荷物の持ち込みに制限がある場合もありますので，図書館の利用方法に従って活用してください。

173

第14章

ゼミに参加しよう

　多くの法学部では，演習・ゼミと呼ばれる科目が提供されています。ゼミは一般に少人数クラスで実施され，自身の選択した教員のもと，その教員の専門分野について，講義で学んだ内容の実践などを通じて，その理解を深める重要な機会となります。大学によっては必修科目とされていることも多く，また，卒業論文が課せられている場合は，その指導の拠点となる重要な講義です。本章では，そんな，ゼミ・演習科目について説明します。

1　大講義とゼミのちがい

　法学の講義は，大講義が中心です。このような講義形態は，一度に多くの学生に情報を伝達できる点で効率的です。しかし，学生自身が積極的に受ける意識がないと，ただ時間が過ぎていったり，途中で集中力を失ってしまったり，という問題も生じやすいという難点があります。さらに，一方的に講義を聴いているだけでは，そこで得た知識を定着させることはなかなか難しいでしょう。

　また，教員としても，大講義では，多くの学生にとって必要と思われる水準の講義を提供することを考えると，90分前後という限られた講義時間で，応用的な内容や高度なレベルの議論をすることには少し躊躇することもあります（もちろん，教科書を読んでいることを前提として，講義では，より高度な内容や，応用的な内容を取り扱う，という方針で講義を展開する教員もいます）。

　以上のような大講義の難点を踏まえて，多くの法学部では，**演習**であったり，**ゼミナール**といった科目名で，**ゼミ**が提供されています。ゼミでは，大講義で得られた知見を実践的に活用したり，アウトプットして思考を鍛えたり，学習内容を深めていく機会として提供されています。

第14章 ゼミに参加しよう

2 ゼミという講義形式

ゼミは，基本的に少人数で実施され，「○○先生のゼミ」や，「○○法のゼミ」に所属するという形で履修することになります。ゼミでは，各教員の専門分野を素材として，研究報告や判例報告などのプレゼンテーション，テーマや論点についてのディスカッションやディベート，事例問題演習，専門書の輪読や読書会，あるいは，法的交渉（ネゴシエーション），模擬裁判に取り組むゼミもあります。

また，卒業論文が課されている大学では，ゼミの教員が基本的に，論文作成の指導を行うことになります。ゼミ運営は，その教員や所属学生の考え方に大きく左右されますが，大講義が黙っていても進んでいくのとは異なって，学生が話したり，書いたり，議論したりして，積極的に参加する必要がある講義形式です。

3 ゼミに参加する意義・重要性

ゼミは，法学部も含め，文系学部の学生にとって非常に重要です。というのも，理系学部の場合は，学部3年次になると，研究室配属が行われ，「○○先生の研究室」に所属し，研究を行うことになります。そのため，「○○研究室出身です」というだけで，概ねどのようなことを専門にして，何を深く学んできたのかが明らかになります。

一方，文系学部の場合は，一般的には，研究室制度がないため，ゼミや卒業論文に真摯に取り組まないと「何を深く学んできたか」は判然としません。しかし，程度の差はありますが，ゼミでの活動内容や研究テーマは，就職活動や公務員試験の面接などで，必ず聞かれます。これらは，ゼミに参加していないと説明することは困難です。

ゼミは，理系学部における「研究室」のいわば代わりの役割を果たすことに

175

第Ⅱ部　大学生活編

なるため，通常の講義とは，全く別次元の提供科目であると認識する必要があります（大学卒業後も，同じ大学・同じ学部出身ということがわかると，たいてい「何ゼミ出身か」が話題になります）。

4　ゼミを楽しもう！

　ゼミは，大講義と比べれば，発表の準備をしたり，議論したりと負担を感じる講義ですが，その分，深く学ぶことのできる機会となります。少人数で，学生同士や教員・学生間でも話しやすい環境となることが予想されます。友人同士やサークル，アルバイトとの関係性とは異なり，学問を核として，コミュニケーションの範囲を広げ，自身の知見を深めることのできる貴重な機会です。

　ゼミは，学年ごとに形成されるパターンや，学年を超えて合同で1つのゼミが形成されるパターンなど，大学によって様々ですが，特に，大学生活後半は，その中心的な「場」になる可能性が高くなります。ゼミ生同士の関係が深まれば，**ゼミ合宿**などのイベントが行われることもあり，そのような機会は大学生活を充実させることにつながります。ゼミには積極的に参加することをお勧めします。

5　ゼミの選び方

　ゼミは，原則として，開講されている1つに所属することになります。したがって，ゼミを選択する場合には，その教員の専門分野や，ゼミの内容で選択することが一番です。もっとも，教員や所属するゼミ生たちの雰囲気や相性も，実際のところ考慮要素になるでしょう。そのため，説明会などの機会があれば，それに参加したり，シラバスをよく読んだり，そのゼミに所属している先輩から情報を得たり，場合によっては，希望するゼミの担当教員の様子などを，大講義に潜って観察してみたり，直接相談するなどして，ゼミ選択の参考にすると良いでしょう。

第14章　ゼミに参加しよう

　特に，卒業論文が課せられている場合は，「刑法で卒業論文を書きたい」と思っているにもかかわらず，民法の先生のゼミに所属してしまうと，教員・学生ともにミスマッチが生じ，不幸な結果をもたらしますので，慎重に選択する必要があります。

　なお，友人同士で，同じゼミを履修しようと，連れ立って応募するケースもしばしばみられますが，ゼミは，これまでとは異なる友人を得たり，関係性を構築したりするチャンスですので，自分の興味や関心に即して，専門分野や内容を中心に選択することを強くお勧めします。

● コラム⑥ ●　　　　　　　　　　　　ゼミが人生を変えた？

　筆者は当初，大学卒業後は民間企業に就職することを考えていたため，なんとなく就職に有利そう，という思いで，最初は「会社法」のゼミに所属しました。偶然，初年次教育科目で担当だった先生が開講するゼミで，その内容が魅力的だったということも選択の理由でした。

　ゼミに所属して課題にとり組んでいて，会社法それ自体も面白かったのですが，担当の先生は，しばしば，「これは，倒産すると状況変わるんですけどね」といった趣旨のお話をされており，そのような話を聞くうちに「なんだか倒産という怪しい（？）世界があるらしい……」と，倒産法の世界への関心が強まっていきました。学年が上がり，ゼミの選択をするに際して，引き続き会社法のゼミに所属し続けることも考えたのですが，その頃には「せっかくだから，倒産法のことを詳しく勉強してみたい」と考え，後ろ髪引かれつつも「倒産法」を専門とする先生のゼミに異動しました。メジャーな分野の会社法のゼミが比較的大人数だったのに比べ，倒産法ゼミのメンバーは，片手で数えられるだけの人数しかいませんでした。そのため，発表は一人で何回も担当することになり，それはそれで大変でしたが，ゼミ生や先生とは，その分じっくり議論することできました。ゼミメンバーともすぐに打ち解け，卒業旅行も共にしました。また，筆者自身も，ゼミに所属したことがきっかけで，より倒産法を追究したいと考え，研究者の道を選択することになりました。

　ゼミは，単純に楽しかったのみならず，筆者の人生にとっても大きな影響を与えた場でした。

第 15 章
法学部生の進路と資格試験

　法学部＝弁護士になるための学部，というイメージはいまだに根強いようです。もちろん，弁護士など法曹を目指す学生もいますが，大半は，公務員や民間企業への就職という道を選択します。もっとも法学は，公務員試験や資格試験において，多かれ少なかれ問われることから，法学部での学びは，これらの進路選択に大きなアドバンテージになるでしょう。本章では，法学部生の一般的な進路に加え，法学部生が希望することの多い職業について紹介します。

1　法学部生の多様な進路

　大学入学が決まり，親戚などに「法学部へ進学します」と報告すると「えっ。弁護士になるの？」と聞き返された経験のある人は少なくないでしょう。それほど，世間の「法学部」のイメージでは，弁護士などの法曹を目指す人の学部だと認識されている傾向が強いようです。

　しかし，法学部生は，必ずしも，弁護士になることを目指している人ばかりではありません。入学を決めた学生自身も，そもそも，そんなつもりはない，ということも多いでしょう。実際，法学部を卒業し（あるいは在学中に）司法試験を受験・合格して法曹になる人は，全体から見れば，極めて少数で，大半は民間企業への就職や，公務員になるという選択をします（図15.1）。

2　法学部の講義と資格試験

　かつては，「法科万能」や「法学部はつぶしが効く」などといわれ「法学部さえ卒業すれば，どこでも就職できる」といった時代もあったようですが，学

178

第15章　法学部生の進路と資格試験

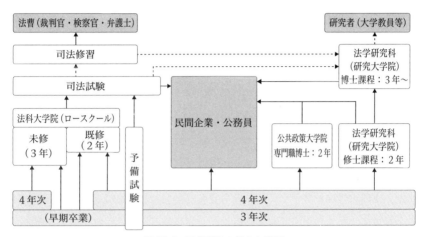

図15.1　法学部生の様々な進路

部の多様化とともに，そのような法学部の優位性は，失われつつあるように思います。

　しかし，公務員試験の受験や，法律系の資格試験を受験する上では，依然として法学部は有利だといえます。もちろん，大学の講義そのものは，それぞれの試験に直結こそしないものの，普段から法律に親しんでいる法学部生にとっては試験に対しても大きなアドバンテージがありますし，大学の講義内容を丁寧に勉強していれば，資格試験にも，その知識を応用することは可能です。また，法学部であれば，ともに同じ仕事や資格を志す仲間も見つけやすいといった環境面での優位性もあるでしょう。法学部生が，大学での学習と並行して，資格試験等を目指すことは，極めて有益であるといえます。

③　資格取得について考えよう

　大学を卒業すれば，遅かれ早かれ，何らかの職業に就くことになります。様々な職業の中でも，法律に携わる職業は，とりわけ法学部生であれば目指しやすく，目指す価値のある職業だといえます。ここでは，法律に関わる仕事の代表である「法曹」と，それ以外の主要な「士業」に携わるための資格取得に

第Ⅱ部　大学生活編

ついて見ていきます。

3.1　法曹（弁護士・検察官・裁判官）を目指す

　弁護士・検察官・裁判官になるための法曹資格は，法学部生であれば，一度は夢見る資格でしょう。もっとも，今も昔も，国内最難関資格の一つであることは間違いありません。

　法曹資格を得るためには，原則として，**法科大学院**（ロースクール・LS）を修了した後，**司法試験**に合格し，１年間の**司法修習**を終えることが必要です。また，法科大学院を経ずに司法試験の受験資格を得るための**司法試験予備試験**もあります。多くの司法試験受験者は，予備試験と法科大学院受験を両睨みしながら受験対策を行うことになります。

　法科大学院は，法学既修者向けの２年コースと，法学未修者向けの３年コースがあり，法学部生であれば，なるべく最短コースになる，既修者コースを目指すことが望ましいでしょう。大学によっては，大学を３年で早期卒業し，法科大学院の既修者コース２年を経て，司法試験受験資格を得ることのできる，**法曹コース**（３＋２）を設置している場合もあります。関連する各試験の科目は表15.1のようになっています。

　多くの科目について，短答式問題と論文式問題が課されており，受験対策も大変です。法曹志望の方は，早い段階から学習・受験対策を進める必要があります。また，論文式問題の解答案作成の経験を積むために，友人同士で「自主ゼミ」を組んだりするのも，有効な受験対策になります。

　なお，司法修習を修了すると，法曹資格を得ることができますが，裁判官や検察官として**任官**したい場合は，一般論として，司法試験の順位や，司法研修所の成績で上位を取ることが重要だといわれています。また，弁護士も大手の事務所に就職したい場合は，受験形態（どこのロースクール出身か，予備試験か）や，司法試験の順位が問われるケースもあるようです。このような希望を持つ人にとっては，熾烈な競争を勝ち抜いていかないといけないという側面があるのも事実です。

180

第15章　法学部生の進路と資格試験

表15.1　法科大学院・司法試験予備試験・司法試験の受験科目

		LS入試（既修者）^(※1)	予備試験^(※2)		司法試験	
		論　文	短　答	論　文	短　答	論　文
公法系	憲　法	○	○	○	○	○
	行政法	○	○	○	－	
民事系	民　法	○	○	○	○	○
	商　法	○	○	○	－	
	民事訴訟法	○	○	○	－	
刑事系	刑　法	○	○	○	○	○
	刑事訴訟法	○	○	○	－	
選択科目（右の中から1科目）	労働法・経済法・倒産法・知的財産法・租税法・国際法・国際私法・環境法	－		○		○
実務基礎	民事・刑事実務基礎法曹倫理	－	－	○	－	－
一般教養	英語，自然・人文・社会科学	－	○			

※1：法科大学院により試験科目が異なる場合がありますが，原則として，基本6法＋行政法の7科目が受験科目になります。受験予定の法科大学院の情報を十分に調べましょう。

※2：表に示した科目のほかに「口述試験」が課されます。

3.2　法律系の士業を目指す

　法曹資格の取得については，予備試験合格を除き，原則として，法科大学院への進学が必要になりますが，そういった条件なく資格の取得が可能な法律系資格も多くあります。

（1）司法書士

　法学部生が，よく取得を目指したいという資格に，司法書士資格があります。司法書士は，不動産や法人の登記，供託の手続に関する代理，裁判所や検察庁に提出する書類の作成を主たる職務とする士業です。また，司法書士が認定考

第Ⅱ部　大学生活編

査を受験し，法務大臣の認定を受け，**認定司法書士**になると，簡易裁判所におい
て取り扱うことができる民事事件，具体的には，訴訟の目的となる物の価額（訴
額）が140万円を超えない請求事件等について，代理業務を行うことができます。

　しばしば，司法書士は，弁護士と比較して「街の身近な法律家」といわれる
ことから「弁護士よりも就きやすい職業なのかも？」「自分には弁護士は難し
いけれど司法書士ならなれるかも」と志望する学生がいますが，司法書士試験
は，司法試験とならぶ難関資格です。したがって，司法書士資格を目指すなら
ば，司法試験を目指すのと同じぐらい，十分に勉強する必要があります。

　また，試験科目として，不動産登記法・商業登記法など，大学の講義で提供
されないものも課せられています。

（2）行政書士

　司法書士と似て非なる士業として，行政書士があります。行政書士は，他人
の依頼を受け，官公署に提出する許認可等の申請書類の作成並びに提出手続代
理，遺言書等の権利義務，事実証明及び契約書の作成，行政不服申立て手続代
理等を行います。

　行政書士資格は，法律系の国家資格の中では，比較的難易度の高くない資格
といわれており，法学部生であれば，資格取得を目指すことは十分可能です。
もっとも，行政書士資格のみで，大学卒業後，独立して業務を行うことは難し
い状況にあるため，行政書士資格を皮切りに，他の資格取得を目指す人も多い
ようです。また，国家公務員または地方公務員として行政事務に17年以上従事
した場合には，行政書士の資格取得が認められる，**特認制度**があります。

（3）宅地建物取引士

　最近，大学でも資格取得が奨励されることの多い法律系資格に，宅地建物取
引士（いわゆる**宅建**）があります。宅地建物取引士は，宅地・建物の取引の際
に，取引相手に対し，物件の状態，権利関係，法令上の制限，代金支払いの条
件等の重要事項を説明する専門家です。一人暮らしをされている方は，マン

第15章　法学部生の進路と資格試験

ションやアパートを借りる際に「重要事項説明書」の交付と説明を受けたと思いますが，あの説明を行うためには，この宅地建物取引士の資格が必要です。

　宅建は，法律系資格でも難易度がそれほど高くないといわれているため，年間受験者も極めて多い人気の国家資格です。不動産業界では必須の資格で，就職後は，取得が義務付けられる場合がほとんどです。逆に，不動産業界以外では，直接的に必要とされることは，あまりありません。

（4）税理士

　税理士も，法学部生が取得を目指しやすい資格です。税理士は，税務に関する専門家として，税務署に対する税金の申告，不服申立てや税務調査立ち会い等の税務代理，税務官公署に提出する税務書類の作成，税務相談，会計業務等の業務を行います。

　一般的には，経済・経営系の学生が目指す資格と思われがちですが，法学部からも，税理士を目指す学生は一定数存在します。実際，直接的な業務ではないものの，税理士は，訴訟補佐人として弁護士とともに裁判所に出頭し陳述する業務や，会計参与として中小企業や株式会社等の役員として取締役と共同して計算関係書類を作成する業務，また，国税不服審判所で審判官を務め，実際に裁決を行う税理士もおり，法律専門職としての側面もあります。

　税理士試験は，**科目合格制**を採用しており，会計科目２科目・**税法科目３科目**の合格を積み重ねていけば良く，１度の試験ですべて合格しなければならないわけではありません。そのため，時間をかけて資格を取得することが可能です。また，税理士を目指す場合は，大学院への進学も視野に入れると良いでしょう。税理士試験では，税法科目で３科目を受験する必要がありますが，大学院に進学し，税法に関する研究の修士論文を執筆し，国税審議会による審査・認定を受けると，税法科目の２科目について試験の免除を受けられるという制度があります[1]。

　1）なお，税理士試験科目のうち，会計科目の２科目（財務諸表論・簿記論）についても，会計学に関する研究の修士論文を執筆した場合，同様に，２科目のうち１科目の試験が

183

第Ⅱ部　大学生活編

（5）その他の資格

　他にも，法律系資格は様々なものが存在します。代表的なものは，理系の弁護士ともいわれ，特許権等の工業所有権（特許権，実用新案権，意匠権，商標権など）に関して特許庁等にする手続等の事務を業として行う，知的財産権に関する専門家である**弁理士**。労働及び社会保険に関する法令に基づいて行政機関に提出する申請書類等の作成，その提出に関する手続の代行，紛争解決手続の代理，関係帳簿書類の作成等を行う**社会保険労務士**（社労士）。他人の依頼を受けて不動産の表示に関する登記に必要な土地・家屋に関する調査，測量，申請手続等をすることを業とする**土地家屋調査士**。土地や家屋等の不動産の価格を公正な立場から判断し，適正な価格を決定する不動産鑑定評価業務を行う**不動産鑑定士**などがあります。いずれも難関資格ですが，資格取得後，独立して業務を行うことができる可能性の高い資格です。

3.3　資格を取らなければならない？

　ひとくちに「法律に関わる資格」といっても，その資格により従事できる仕事の内容は多種多様で，資格試験の科目や難易度も様々です。自身の就きたい職業や，それに必要となる資格については，十分に調べて，大学の講義もうまく活用しながら，受験対策をしていくと良いでしょう。

　漠然と「資格を取りたい」と考えて資格試験の勉強をすることも決して悪いことではありませんが，法律系資格は，学習負担もそれなりに大きいものになります。加えて，資格を取ったからといって，すぐに仕事に就くことができる，というものばかりではありません。あくまで，資格取得はその職業のスタートラインに過ぎないので，引き続き，その道のプロとして生きていく上では，実務を通じて，勉強し続けていく必要があります。高校生までに取得したかもしれない「○○検定」のように「勉強した証」としての資格取得とは異なります[2]。

―――――――――――――――――――――――――――――――――――――

　　免除されます。

　2）なお，法学関係の検定試験としては，いずれも民間団体の実施する「法学検定」「ビジネス法務実務検定」「ビジネス著作権検定」などがあります。

184

第15章 法学部生の進路と資格試験

したがって，大学生活において，他に取り組みたいことがある場合や，資格がなければその仕事に就けないという場合でない限り，無理をしてまで資格を取得する必要はないように思います。

④ 就職について考えよう

資格を取得した上で，法律専門職に就くだけではなく，公務員や民間企業で，法律に深く携わる仕事を選択する道も考えられます。

4.1 公務員を目指す

公務員は，法に基づいて行政行為を行うことを考えると，全ての公務員は，法律と無関係ではいられません。ただ，法学部生がイメージするような，法律に関連する職務に近いものとしては，次から紹介するような職種の公務員があります。

（1）裁判所事務官・裁判所書記官

裁判所事務官は，各裁判所に置かれ，各種裁判事務と裁判所運営にかかる一般事務に従事する国家公務員です。裁判所事務官任用試験に合格することで，裁判所事務官になることができます。

また，裁判所事務官は，一定期間従事し，裁判所書記官任用試験に合格すると，**裁判所書記官**となることができます。裁判所書記官は，裁判手続に関する記録等の作成・保管，民事訴訟法や刑事訴訟法といった手続法で定められた事務及び裁判官の行う法令や判例の調査の補助といった業務に従事します（裁判所法60条）。これに付随する形で，様々な権限も与えられており，例えば，民事執行手続や破産手続では，裁判官よりも詳細な知識を持っている場合も少なくないといわれており，重要な役割を担います。

185

第Ⅱ部　大学生活編

（2）家庭裁判所調査官

　家庭裁判所調査官は，各家庭裁判所および高等裁判所に置かれ，家事事件・人事訴訟・少年事件において，事件の背景や，当事者の性格，生い立ち，状況などを，心理学や社会学の観点も活かしながら調査をする国家公務員です（裁判所法61条の2）。

　家庭裁判所調査官になるためには，裁判所職員採用総合職試験（家庭裁判所調査官補）を受験して採用された後，裁判所職員総合研修所において2年間研修を受けて，必要な技能等を修得することが必要となっています。高度な専門性を要求されることから，任用試験の難易度も高く，難関公務員試験の一つに数えられます。また，法学部よりも，心理学・社会学系の学部出身者からの任用が多いようです。

（3）検察事務官

　検察事務官は，検察庁の事務を司り，検察官を補佐し，又はその指揮を受けて捜査を行う検察庁の職員（国家公務員）です（検察庁法27条）。

　裁判所の職員とは異なり，検察庁の職員であるため，検察事務官になるには，**国家公務員採用一般職試験**に合格した上で，その後，各検察庁の採用面接に合格する必要があります。

　また，極めて狭き門ですが，検察事務官として3年間の経験を積み，試験に合格すると**副検事**に，さらに副検事として3年以上の経験を積んで試験（検察官特別考試）に合格すると**特任検事**と呼ばれる検事に昇格できる可能性もあります（検察庁法18条3項）。もっとも，数年に1人合格者が出るか出ないかという超難関試験です。

（4）法務局職員

　法務局は，法務省の地方組織の一つとして，国民の財産や身分関係を保護する登記，戸籍，国籍，供託の民事行政事務，国の利害に関係のある訴訟活動を行う訟務事務，国民の基本的人権を守る人権擁護事務を行う機関で，ここで働

第15章 法学部生の進路と資格試験

く職員も国家公務員です。これも，国家公務員採用試験（総合職または一般職）に合格した上で，その後，各法務局の採用面接に合格することで，職員に任用されます。

（5）労働基準監督官

労働基準監督官は，労働基準関係法令に基づいて，あらゆる職場に立ち入り，法に定める基準を事業主に守らせることによって，労働条件の確保・向上，労働者の安全や健康の確保を図ること，また，労災補償の業務を行うことを任務とする厚生労働省に所属する専門職の国家公務員です（労働基準法101条）。

労働基準監督官になるためには，**労働基準監督官採用試験**に合格する必要がありますが，上記のような**職務の性質上，労働法**や労働事情，社会保障といった，国家公務員の一般職採用試験では問われない科目についても試験では問われることになります。

（6）国税専門官

国税専門官は，国税局や税務署において，税の専門家として法律・経済・会計等の専門知識を駆使し，国税調査官（税務申告の調査・指導），国税徴収官（滞納された税金の督促や滞納処分），国税査察官（脱税の調査・告発）といった職種に分かれて活動する国家公務員です。

国税専門官になるには，**国税専門官採用試験**に合格する必要があります。なお，国税専門官として勤務すると，その勤務年数に応じて**税理士試験の免除**が受けられます。具体的には，10年以上国税専門官として勤務すると，税理士試験のうち，税法3科目の試験が免除され，さらに，23年間勤務した場合は，全ての試験科目が免除され，税理士資格を得られます。この制度を利用して，税務職員を退職後に「国税 OB の税理士」として活躍する人もいます。

（7）警察官

警察官は，個人の生命，身体及び財産の保護，犯罪の予防，公安の維持並び

187

第Ⅱ部　大学生活編

に他の法令の執行等の職権職務を遂行すること等を任務とする公安職の公務員です（警察官職務執行法1条1項）。基本的には，**地方公務員**ですが，警視正以上の階級を持つ人は，国家公務員です。

　警察官になるには，各都道府県の実施する，警察官採用試験に合格し，その後，警察学校で一定の訓練を受ける必要があります。いわば現場で働く警察官を目指す場合はこのような形での採用を目指すことになります。

　他方，国家公務員としての警察官は，国家公務員採用試験（総合職または一般職）に合格し，**警察庁**[3]へ採用されることで，国家公務員としての警察官になることができます。国家公務員の警察官は，現場で働くことはほとんどなく，警察組織全体の政策や企画立案，各機関との調整等の役割を担うことになります。

4.2　公務員試験は戦略と情報が重要

　ひとくちに公務員といっても，その職務は多様です。それに合わせて公務員試験も，各種の専門職試験のみならず，中央省庁で，いわゆるキャリア官僚となるための**国家公務員採用総合職試験**，原則として，採用された地域で職務を執行する国家公務員となるための，**国家公務員採用一般職試験**，都道府県庁の職員や市役所職員となるための，いわゆる，**地方上級試験**など，数多く存在します。様々な職種や勤務地などから，自分の希望する公務員の採用試験を選択し，受験することになります。

　もっとも，公務員試験を受験するにあたっては「○○省の職員になりたい」であったり「この職務に就きたい」という希望を持っていたとしても，必ずしもその職務に就けるとは限りません。また，漠然と公務員になりたいと考えていても，現実問題として試験に通らなければなりませんので，どの試験で，どの科目が要求されているかを調べた上で，希望職種を念頭に置きつつ，最大公約数的に勉強する科目を選別したり，複数の公務員試験を併願したりするなど

3）ちなみに，「警察庁」が日本国内全体の警察組織を統括する省庁であるのに対し，「警視庁」は，東京都の警察本部を指します。

第15章　法学部生の進路と資格試験

受験戦略が必要になります。また，受験科目については，毎年，少しずつ変わったりすることもありますし，二次面接では何を聞かれるのか，といった情報も，ある程度取得しておくことも大切です。大学受験と同様，あるいはそれ以上に，情報と戦略が重要です。

4.3　民間企業を目指す

法学部生の多くは，大学卒業後，民間企業に勤めることになります。民間企業には，多くの場合，新卒一括採用で採用され，社内での研修を経て，各部門に配属されて，それぞれの仕事に従事することになります。部門によっては，法律とかなり直接的に関わることがあります。

（1）法務部

企業には，法務部という部局がおかれている場合があります。法務部は，契約書の評価やチェック，企業内部からの法律相談など，法務にまつわるさまざまな業務を担う部局です。

具体的には，**予防法務**（契約書類等の事前審査，法令遵守に向けたコンプライアンス体制の構築，事業計画や株主総会，取締役会への対応など），**紛争処理**（顧客，取引先，株主，地域住民等からの苦情への対応と紛争処理），**戦略法務**（事業提携，合併，企業買収等の事業戦略に対して法的側面からの支援）があります。それぞれの局面で，顧問弁護士や警察等と協力する場合もあります。

（2）知財部

また，企業によっては，法務部とは別に，知財部（知的財産部）が置かれている場合もあります。知財部の主な仕事は，特許や商標など，知的財産の**権利化**にかかる手続を行うことです。例えば，自社で開発した技術は，特許庁に出願し，特許権が認められれば，その技術を独占的に使用することができるようになります。しかし，仮に，競業他社が先に同様の技術について特許を取得してしまうと，その技術を使った製品を発売できなくなるなど，重大な問題が生

189

第Ⅱ部　大学生活編

じます。このような問題が発生しないよう，知財部としては，知的財産の管理
を行い，その活用について戦略を立てて，それを実行していく役割が期待され
ています。特許出願や商標出願等においては，弁護士や弁理士と協力して業務
を行います。

4.4　進学を目指す

　大学を卒業し，法曹を目指す場合は，法科大学院（ロースクール）を目指す
ことになりますが，引き続き研究を続けたい場合は，大学院へ進学することも
考えられます。

（1）法学研究科

　研究者や，**高度な法的知識を有する職業人を育成するために**，大学が，法学
を専攻する大学院（法学研究科）を設置している場合があります。

　大学院（法学研究科）は，**修士課程（博士前期課程）2 年**，**博士課程（博士後期
課程）3 年**で構成されています。研究者を目指す大学院生だけではなく，修士
課程を修了した後に，専門職に就くことを想定して進学する学生も一定数いま
す。特に，企業の法務部や知財部への就職や，いわゆる「院卒区分」での公務
員就職，あるいは，税理士試験の科目免除を受ける目的で，修士課程に進学す
る学生が多くみられます。これらのニーズに合わせた大学院のカリキュラムを
用意している大学院もあります。

　他方，研究者志望の大学院生は，修士・博士と進学するパターンが通常です
が，最近は，法科大学院（ロースクール）を経てから，あるいは，法曹資格を
取得してから，法学研究科の博士課程に進学するというパターンも増えてきて
います。

　なお，我が国の法学研究者は，伝統的に**外国法との比較研究**が期待されてお
り，修士・博士と進学して研究者になろうとする大学院生は，外国法研究を求
められることが多いでしょう。

190

（2）公共政策大学院

　また，**公共政策大学院**という大学院もあります。これは，公共政策の立案に関わることのできる高度専門職業人の育成を専門とした大学院です。修士課程と位置付けている大学や，法科大学院のような専門職大学院と位置付けている大学など，その形態は様々ですが，原則として2年間の課程です。

　学部から進学する場合だけでなく，すでに社会人として活躍している人が，キャリアアップのために進学することも多い大学院で，修了後は，公務員や公共部門に関わる民間企業への就職が期待されます。

● コラム⑦ ●　　　　　　　　　お仕事小説を読んでみよう

　法務部や知財部の業務は，「縁の下の力持ち」で，弁護士などの職業に比べると，イメージがつきにくいかと思います。しかし，法務部や知財部などの部局は，企業の立場から，自社の企業を守ったり，事業の発展を図ったりする上で，他の部局に勝るとも劣らない重要な役割を担います。このような，法務系部門の業務について，具体的には，そこで働く人に尋ねるのが一番ではありますが，その一端を垣間見ることができる小説や漫画作品が，近時，数多く発表されています。一例として，次の作品をお勧めしておきます。関心があれば，ぜひ読んでみてください。

　企業法務については，出澤秀二＝丸野登紀子＝大賀祥大『ストーリーでわかる法務部の仕事12か月』（学陽書房，2022年），知財部については，奥乃桜子『それってパクリじゃないですか？──新米知的財産部員のお仕事』（集英社，2019年）があります。

参考文献

青木人志『判例の読み方——シッシー＆ワッシーと学ぶ』(有斐閣，2017年)

青木人志『法律の学び方——シッシー＆ワッシーと開く法学の扉』(有斐閣，2020年)

指宿信・齋藤正彰監修，いしかわまりこ・藤井康子・村井のり子著『リーガル・リサーチ〔第5版〕』(日本評論社，2016年)

井田良・佐渡島沙織・山野目章夫『法を学ぶ人のための文章作法〔第2版〕』(有斐閣，2019年)

井下千以子『思考を鍛えるレポート・論文作成法〔第3版〕』(慶應義塾大学出版会，2019年)

田髙寛貴・原田昌和・秋山靖浩『リーガル・リサーチ＆リポート〔第2版〕』(有斐閣，2019年)

道垣内弘人『プレップ法学を学ぶ前に〔第2版〕』(弘文堂，2017年)

戸田山和久『最新版　論文の教室——レポートから卒論まで』(NHK出版，2022年)

富永晃一・丸橋昌太郎・大江裕幸・島村暁代・山代忠邦『実践への法学入門——考え方を身につける〔第2版〕』(中央経済社，2022年)

早川吉尚『法学入門』(有斐閣，2016年)

法制執務用語研究会編『条文の読み方〔第2版〕』(有斐閣，2020年)

宮川基『高校の教科書で学ぶ　法学入門〔第2版〕』(ミネルヴァ書房，2024年)

武藤眞朗・多田英明・宮木康博『法を学ぶパートナー〔第4版〕』(成文堂，2020年)

森田果『法学を学ぶのはなぜ——気づいたら法学部，にならないための法学入門』(有斐閣，2020)

弥永真生『法律学習マニュアル〔第4版〕』(有斐閣，2016年)

山下純司ほか『法解釈入門〔第2版〕』(有斐閣，2020年)

山本敬三監修『民法1——総則』(有斐閣，2021年)

山本敬三監修『民法5——契約』(有斐閣，2022年)

山本敬三監修『民法6——事務管理・不当利得・不法行為』(有斐閣，2022年)

横田明美『カフェパウゼで法学を——対話で見つける〈学び方〉』(有斐閣，2018年)

横田明美ほか『法学学習Q＆A』(有斐閣，2019年)

吉永一行『法学部入門〔第4版〕』(法律文化社，2022年)

索　引

欧　文

CiNii Books　103
CiNii Research　104
e-Gov 法令検索　94
GPA　161
LMS　167
NDC　171
NDL SEARCH　103
OPAC　171

あ　行

アウトライン　116
悪意　36
意見　82
一行問題　137
一部認容判決　66
一般法　20
違法　34
芋づる式調査　102
訴え　64
　　――却下　65
枝番号　31
演習　174
　　――書　151
オフィス・アワー　166
及び　34

か　行

開架　173
学習用六法　91
学説　59
拡張解釈　50
学会誌　99
家庭裁判所調査官　186
慣習法　13
機関リポジトリ　105
基礎法　47

記念論文集　98
客観式問題　131
旧法令　94
教科書　159
教授　165
　　名誉――　165
行政書士　182
行政訴訟　62
金判→金融・商事判例
金法→金融法務事情
金融・商事判例　7
金融法務事情　76
区裁判所　74
訓令　57
警察官　187
刑事法　17
刑集→最高裁判所刑事判例集
けだし　119
決定　74
現行法令　91
検察官　61, 68
検察事務官　186
原判決　66
項　28
号　28
効果　22
公共政策大学院　191
高裁判例　57
講師　164
公式判例集　75
構成要件　22, 43
公訴　68
控訴　66, 70
　　――棄却　66, 70
　　――却下　66
控訴院　74
後段　29
公判前整理手続　69

195

公法　14
国税専門官　187
語句説明問題　13
国選弁護　69
国家公務員採用一般職試験　188
国家公務員採用総合職試験　188
コンメンタール　96

さ　行

最高裁大法廷　72
最高裁判所刑事判例集　75
最高裁判所民事判例集　75, 79
裁判員裁判　69
裁判所事務官　185
裁判所書記官　185
裁判所調査官　85
裁判例　57
削除　30
差戻審　68
参考書　159
三審制　63
事実審　67
実体法　15
私法　14
司法試験　180
　　——予備試験　180
司法修習　180
司法書士　181
　　認定——　182
社会法　15
社会保険労務士（社労士）　184
縮小解釈　51
准教授　165
準用する　33
条　28
上位法は下位法に優先する　13
上告　67, 71
　　——棄却　67, 71
　　——却下　67
　　——受理の申立て　67
少数意見　82
少数説　60
助教　165

事例問題　138
新様式判決　77
推定する　32
請求棄却　66
請求記号　171
請求認容　65
制定法　12
成文法　12
　　——（制定法）主義　13
税理士　183
拙稿　129
ゼミナール（ゼミ）　174, 175
善意　36
前段　29
専任教員　164
専門業務型裁量労働制　164
捜査　68

た　行

大学紀要　99
体系書　96
体系的解釈　50
大審院　57, 74
　　——連合部　74
宅地建物取引士（宅建）　182
多数意見　82
多数説　60
ただし書き（但書）　29
知財部（知的財産部）　189
知的財産高等裁判所　73
地方上級試験　188
調査官解説　85, 100
通説　59
通達　57
定義問題　133
データベース　102
手続法　15
答弁書　64
特任検事　186
特別法　20
特別法は一般法に優先する　20
匿名コメント　84
図書館司書　172

索　引

図書館カウンター　172
土地家屋調査士　184
取消自判　66

な　行

並びに　34
二当事者対立構造　61
日本十進分類法→NDC
日本法令索引　94
任官　180
ノートテイキング　155

は　行

破棄差戻し　67, 70, 71
破棄自判　67, 70, 71
柱書　28, 29
バックナンバー　172
判解　128
判決　74
判時→判例時報
判タ→判例タイムズ
判例時報　76
判例タイムズ　76
反対意見　82
反対解釈　53
判批　128
判例　13, 56
　　――付き六法　92
　　――百選　100
　　――評釈　85
　　――変更　56
　　――報告　86
比較法的解釈　50
被疑者　68
被告人　61, 68
ビジネス著作権検定　184
ビジネス法務実務検定　184
非常勤教員　164
副検事　186
符号　76
不正　34
附則　26
不当　34

不動産鑑定士　184
不文法　12
不法　34
フルテキスト　84
文理解釈　48
閉架　173
別表　26
弁理士　184
法解釈　47
　　――学　47
法学検定　184
法学研究科　190
法科大学院　180
法科万能　178
法源　12
法制執務用語　31
法曹　180
　　――コース（3 ＋ 2）　180
法廷意見　82
法的三段論法　39, 142
法務局　186
法務部　189
法律意思説　49
法律雑誌　98
法律審　67
法律用語辞典　96
法令　26
補足意見　82
本則　26
本文　29

ま　行

又は　35
みなす　32
民事法　17
民集→最高裁判所民事判例集
目的論的解釈　49
若しくは　35
モノグラフ　98

や　行

有力説　60
要件　22

197

ら・わ 行

リーガル・リサーチ　90
利益衡量　50
立法者意思説　49
類推解釈　53
類推適用　53

例による　33
歴史的解釈　50
労働基準監督官　187
六法　21
　　——全書　93
論文　97
和解　65

《著者紹介》

玉井裕貴（たまい・ひろき）

1987年　生まれ。
2010年　同志社大学法学部卒業。
2012年　同志社大学大学院法学研究科博士課程（前期課程）修了。
2014年　慶應義塾大学大学院法学研究科後期博士課程中途退学。
現　在　東北学院大学法学部准教授。
著　作　「『DIP 型』再建手続における監督メカニズム──アメリカ連邦倒産法第11章手続
　　　　における監督機関構成とその実情」『慶應法学』28号（2014年），「倒産法からみる
　　　　暗号資産」『法律のひろば』74巻8号（2021年），加藤哲夫＝山本研編『プロセス
　　　　講義倒産法』（信山社，2023年，分担執筆），「事業再生プロセスにおける裁判所関
　　　　与のあり方──ドイツの裁判外再建手続における『モジュール』構想に示唆を受
　　　　けて」三木浩一＝中井康之＝田頭章一＝髙田賢治＝倉部真由美編『民事手続法と
　　　　民商法の現代的潮流（中島弘雅先生古稀祝賀論文集）』（弘文堂，2024年），「倒産
　　　　法的公序」中島弘雅＝松嶋隆弘編『ケース別　一般条項による主張立証の手法──
　　　　実体法と手続法でみる法的構成の考え方』（ぎょうせい，2024年），川嶋四郎編著
　　　　『民事執行・保全法入門』（日本評論社，2024年，分担執筆）ほか。

　　　　　　　　　　　　　　学びの基礎を身につける
　　　　　　　　　　　　　　法学部生入門ハンドブック

　　　　2025年3月10日　初版第1刷発行　　　　　　　　　〈検印省略〉

　　　　　　　　　　　　　　　　　　　　　　　　定価はカバーに
　　　　　　　　　　　　　　　　　　　　　　　　表示しています

　　　　　　　　著　者　　玉　井　裕　貴
　　　　　　　　発行者　　杉　田　啓　三
　　　　　　　　印刷者　　坂　本　喜　杏

　　　　　発行所　株式会社　ミネルヴァ書房

　　　　　　　607-8494　京都市山科区日ノ岡堤谷町1
　　　　　　　　　　　　電話代表　（075）581-5191
　　　　　　　　　　　　振替口座　01020-0-8076

　　　　　ⓒ玉井裕貴，2025　　冨山房インターナショナル・吉田三誠堂製本

　　　　　　　　　ISBN 978-4-623-09831-6

　　　　　　　　　　Printed in Japan

高校の教科書で学ぶ　法学入門［第2版］

宮川　基　著

A5判二二八頁
本体二五〇〇円

「法のカタチ」から考える　法学の基礎

西田真之　著

A5判二五〇頁
本体三三〇〇円

法学部生のための選択科目ガイドブック

君塚正臣　編著

A5判二六〇頁
本体二八〇〇円

概説　西洋法制史

勝田　有恒
森　征一
山内　進一　編著

A5判三八四頁
本体三三〇〇円

━━━━ ミネルヴァ書房 ━━━━

https://www.minervashobo.co.jp/